国家数字图书馆服务框架研究

张　炜　主编

國家圖書館出版社

图书在版编目(CIP)数据

国家数字图书馆服务框架研究/张炜主编. —北京:国家图书馆出版社,2012.5

ISBN 978-7-5013-4708-7

Ⅰ.①国…　Ⅱ.①张…　Ⅲ.①中国国家图书馆—数字图书馆—图书馆服务—研究　Ⅳ.①G259.251

中国版本图书馆 CIP 数据核字(2011)第 257505 号

责任编辑:王涛　杨璇

书名　国家数字图书馆服务框架研究

著者　张　炜　主编

出版　国家图书馆出版社(原北京图书馆出版社)

(100034 北京市西城区文津街 7 号)

发行　010-66139745　66151313　66175620　66126153

66174391(传真)　66126156(门市部)

E-mail　cbs@nlc.gov.cn(投稿)　btsfxb@nlc.gov.cn(邮购)

Website　www.nlcpress.com→投稿中心

经销　新华书店

印刷　北京科信印刷有限公司

开本　880×1230(毫米)　1/32

印张　6.75

版次　2012 年 5 月第 1 版　2012 年 5 月第 1 次印刷

字数　180 千字

书号　ISBN 978-7-5013-4708-7

定价　40.00 元

主　　　编：张　炜

撰稿组成员：（以姓氏笔画排列）

马宁宁　王志庚　孙　倩　李　丹

李成文　李春明　李荣艳　李家儒

曲云鹏　宋丽荣　陈月婷　邵　燕

周　晨　梁惠玮　富　平　薛凤珠

目　录

前　言

数字图书馆自诞生以来，一直是图书馆学界的研究重点之一。随着数字图书馆的发展，其研究领域也从最初的资源建设及技术发展拓展到数字图书馆服务领域。

国外数字图书馆服务相关研究主要集中在以下三个方面：一是在现代信息技术环境下，对传统图书馆各项服务职能的继承、发展和完善，主要包括已有资源的数字化及发布服务、资源的集成化服务、虚拟参考咨询等；二是采用全新的存储、访问方式的数字化资源带来的新服务方式，如网络信息资源的采集和揭示、开放存取、数字资源长期保存、分布式资源和服务登记系统、知识服务、个性化服务、网格服务等；三是用户信息素质教育、多种服务类型的交叉融合等。国外关于数字图书馆服务模式的整体研究还不多见。

我国从2000年前后，有关数字图书馆服务的相关研究与探索逐步增多，并在2002年激增，形成图书情报界的一个研究热点。此后每年的研究文献呈现快速增长的态势，同时相关研究进一步细化。从研究的内容上来讲，大致可以分为三个层次：基础理论研究（数字图书馆服务范式、理念、模式等）、服务实践研究（各种具体服务方式）、服务衍生的相关问题研究（技术、知识产权、质量评价等）。总体来说，关于数字图书馆信息服务模式的研究还不是很多，各家的认识也各不相同，尚未达成共识。大多数研究都是从具体某一服务的角度进行分析和阐述，在研究的深度和广度方面各不相同，同时存在一定程度的交叉和重叠。在一些热点领域，如“数字图书馆个性化服务”、“数字图书馆参考咨询服务”、“高校图书馆数字图书馆服务”等，集中了大量研究文献，各研究文献间具有极强的分散性，同时缺乏比较与整合研究。

数字图书馆的根本目标是通过一系列服务机制有效地支持用户利用信息来解决现实问题和创造知识。在未来,服务主导型的数字图书馆将成为主体,这也是现在广大图书馆的发展方向。数字图书馆工作的出发点是服务,而服务的重点是服务框架。目前国内外对于数字图书馆服务框架的整体研究还不多,缺乏在更高一层次上对数字图书馆服务框架的整体认识与把握,势必导致在数字图书馆建设实践中的偏颇与失衡。

我国数字图书馆整体建设与发达国家相比起步较晚,如果只是跟风、重复国外的研究,是很难有所超越的。因此,有必要从宏观上对数字图书馆服务框架进行研究,通过对国内外数字图书馆服务十几年来发展的历程进行回顾和总结,探索数字图书馆服务范式的转变,明确影响其变化的动因和发展方向,从而给国内数字图书馆服务的开展提供更有前瞻性和长远意义的指导。

第一章　数字图书馆服务框架概念界定

第一节　基本定义

一、图书馆服务

图书馆的一切都是围绕服务来进行的,服务是现代图书馆的标志。[1] 澳大利亚国家图书馆主持的 ISO 2146 (Registry Services for Libraries and Related Organizations)项目中指出:服务是指一种物理实体或者一种电子化的用户界面,能够为用户提供各种方便,例如:工作交由某一机构完成,获取馆藏或者参与活动。[2] 他们在定义图书馆服务框架中指出,服务除了是一种能够为终端用户提供多种使用价值功能的系统外,还是一种技术界面,能够为工作人员的业务提供支持。[3] 数字图书馆联盟(Digital Library Federation,简称 DLF)指出:服务是某一种功能的组成部分,能作为一个独立单元……服务可以直接传递到用户界面,然而并非所有的服务都是直接由人来利用,一些服务也可以被一种或者多种服务的应用或者"中介用户"(intermediate consumers)建立的应用程序来利用,在一定意义上讲,服务能提供一种用户应用的机械界面。[4]

"图书馆服务"的概念是20世纪90年代确立的。《中国大百科全书·图书馆学情报学档案学》的"图书馆服务"词条将其定义为:"图书馆利用馆藏和设施直接向读者提供文献和情报的一系列活动,有时也称图书馆读者工作。"其外延是:"现代图书馆不仅通过阅览和外借的方式向读者提供印刷型书刊资料,而且还提供缩微复制、参考咨询、编译报道、情报检索、情报服务、定题情报检索以及宣传文献情报知识的专题讲座、展览等服务。"[5]

图书馆服务主要是指为了满足读者和社会需求,利用图书馆的文献信息及其他各种资源，实现图书馆使用价值的全部活动。这一概念包括了 3 个要素，一是对象，即读者与社会；二是内容，即利用图书馆资源；三是目标，即实现图书馆使用价值。图书馆服务的外延是基于内涵形成的，是不断发展变化的，可以从多个角度来分析。

二、数字图书馆服务

随着信息技术的迅速发展和数字信息资源的大量涌现，数字图书馆应运而生。数字图书馆是传统图书馆功能在网上的延伸，它使传统图书馆的信息服务产生了质的飞跃。[6] 数字图书馆是这样的图书馆，它的馆藏以数字格式（与印刷式相反，例如缩微或其他媒体形式）存储，并可通过计算机读取。[7] 在信息对象分布式存储的环境下，需要促成信息对象与信息用户之间的信息传达，数字图书馆就是一个提供这种功能的实体。这种功能性包括：获取、发布、传递、保存、个性化服务等。[8] DELOS 将数字图书馆定义为：可能是一个虚拟的组织，它综合负责收集、管理和长期保存丰富的数字内容，并依据已有政策，向其用户群体提供相当品质的、针对数字内容的专门服务功能。[9]

数字图书馆提供的服务不仅包括传统图书馆服务在数字环境中的实现，如在线阅读与下载、电子文献传递、离线阅读与打印，以及以网站服务形式提供的服务，如浏览、查询、最新信息报道服务等；它还可以提供包括信息库、教育环境、参考服务、个性化服务等在内的服务平台。[10]数字图书馆服务应是集成服务，即以用户为中心、以现代信息技术为支撑、以个性化为特征的集成服务模式。以用户为中心是图书馆服务的出发点和归宿点，是图书馆服务的核心和根本。以现代信息技术为支撑，是数字图书馆提供服务的技术保障。以个性化为特征，是凭借现代信息技术，充分以用户为中心的具体表现。[11]

第二节　数字图书馆服务框架

一、数字图书馆服务框架研究的意义

框架是一个应用程序的半成品。框架提供了可在应用程序之间

共享的可复用的公共结构。开发者把框架融入自己的应用程序,并加以扩展,以满足其特定的需要。框架和工具包的不同之处在于,框架提供了一致的结构,而不仅仅是一组工具类。

框架其实就是一组组件,供开发者选用完成自己的系统。简单说就是使用别人搭好的舞台做表演。而且,框架一般是成熟的、不断升级的软件。可以说,一个框架是一个可复用的设计构件,它规定了应用的体系结构,阐明了整个设计、协作构件之间的依赖关系、责任分配和控制流程,表现为一组抽象类以及其实例之间协作的方法,它为构件复用提供了上下文(Context)关系。因此构件库的大规模重用也需要框架。

构件领域框架方法在很大程度上借鉴了硬件技术发展的成就,它是构件技术、软件体系结构研究和应用软件开发三者发展结合的产物。在很多情况下,框架通常以构件库的形式出现,但构件库只是框架的一个重要部分。框架的关键还在于框架内对象间的交互模式和控制流模式。框架比构件可定制性强。在某种程度上,将构件和框架看成两个不同但彼此协作的技术或许更好。框架为构件提供重用的环境,为构件处理错误、交换数据及激活操作提供了标准的方法。

应用框架的概念也很简单。它并不是包含构件应用程序的小片程序,而是实现了某应用领域通用完备功能(除去特殊应用的部分)的底层服务。使用这种框架的编程人员可以在一个通用功能已经实现的基础上开始具体的系统开发。框架提供了所有应用期望的默认行为的类集合。具体的应用通过重写子类(该子类属于框架的默认行为)或组装对象来支持应用专用的行为。

应用框架强调的是软件的设计重用性和系统的可扩充性,以缩短大型应用软件系统的开发周期,提高开发质量。与传统的基于类库的面向对象重用技术比较,应用框架更注重于面向专业领域的软件重用。应用框架具有领域相关性,构件根据框架进行复合而生成可运行的系统。框架的力度越大,其中包含的领域知识就更加完整。

框架、设计模式这两个概念总容易被混淆,其实它们之间还是有区别的。构件通常是代码重用,而设计模式是设计重用,框架则介于两者之间,部分代码重用,部分设计重用,有时分析也可重用。在软件生产中有三种级别的重用:内部重用,即在同一应用中能公共使用的抽象块;代码重用,即将通用模块组合成库或工具集,以便在多个应用和领域都能使用;应用框架的重用,即为专用领域提供通用的或现成的基础结构,以获得最高级别的重用性。

框架与设计模式虽然相似,但却有着根本的不同。设计模式是对在某种环境中反复出现的问题以及解决该问题的方案的描述,它比框架更抽象;框架可以用代码表示,也能直接执行或复用,而对模式而言,只有实例才能用代码表示;设计模式是比框架更小的元素,一个框架中往往含有一个或多个设计模式,框架总是针对某一特定应用领域,但同一模式却可适用于各种应用。可以说,框架是软件,而设计模式是软件的知识。

为什么要用框架?因为软件系统发展到今天已经很复杂了,特别是服务器端软件,涉及的知识、内容、问题太多。在某些方面使用别人成熟的框架,就相当于让别人帮你完成一些基础工作,你只需要集中精力完成系统的业务逻辑设计。而且框架一般是成熟、稳健的,它可以处理系统很多细节问题,比如,事务处理、安全性、数据流控制等问题。此外框架一般都经过很多人使用,所以结构很好,扩展性也很好,而且它是不断升级的,使用者可以直接享受别人升级代码带来的好处。

框架的最大好处就是重用。面向对象系统获得的最大的复用方式就是框架,一个大的应用系统往往可能由多层互相协作的框架组成。由于框架能重用代码,因此从一已有构件库中建立应用变得非常容易,因为构件都采用框架统一定义的接口,从而使构件间的通信简单。

框架能重用设计。它提供可重用的抽象算法及高层设计,并能将大系统分解成更小的构件,而且能描述构件间的内部接口。这些标准接口使在已有的构件基础上通过组装建立各种各样的系统成为可能。

只要符合接口定义，新的构件就能插入框架中，构件设计者就能重用构架的设计。

框架还能重用分析。所有的人员若按照框架的思想来分析事务，那么就能将它划分为同样的构件，采用相似的解决方法，从而使采用同一框架的分析人员之间能进行沟通。

采用框架技术进行软件开发的主要特点包括：领域内的软件结构一致性好；建立更加开放的系统；重用代码大大增加，软件生产效率和质量也得到了提高；软件设计人员要专注于对领域的了解，使需求分析更充分；存储了经验，可以让那些经验丰富的人员去设计框架和领域构件，而不必限于底层编程；允许采用快速原型技术；有利于在一个项目内多人协同工作；大量的重用使得平均开发费用降低，开发速度加快，开发人员减少，维护费用降低，而参数化框架使得适应性、灵活性增强。

二、数字图书馆服务框架内容

随着图书馆数字环境复杂性和关联性的增强，需要建立更灵活和响应更快的系统，降低发生变化的成本，这就需要一个系统的方法来组织服务，数字图书馆服务框架提供了一种在变化的环境中组织服务的方式，它可以为图书馆管理者提供战略指导，也可以作为图书馆员提供服务的工具，还可以作为基金组织分配资金的参考。总之，数字图书馆服务框架可以将数字图书馆的服务模块化。

数字图书馆联盟(Digital Library Federation，简称 DLF)于 2005 年发起的服务框架工作组(Service Framework Group，简称 SFG)认为数字图书馆服务框架是一系列的参考模型，以及表述他们之间关系的一些概念和词汇的组合，覆盖了涉及图书馆事务所有粒度的实体以及相关的服务。[12]其中相关的概念有：事务需求、事务处理、事务功能、抽象服务、事务实体，在任何层次结构中都有相应的参考模型。澳大利亚国家图书馆从面向服务的角度提出数字图书馆服务框架是一个单一的服务应用模型(Service Usage Models，简称 SUM)或者各种服务功能对应的服务应用模型的集合。

我们认为数字图书馆服务框架是数字图书馆服务过程中所涉及的实体以及实体间的相互关系，是数字图书馆服务活动的工作模式。数字图书馆服务框架能规范并指导服务活动，反过来，人们可以在服务活动中检验服务框架是否科学合理并对其优化。数字图书馆服务框架有5个重要的影响因素：服务提供者、服务获取（受益）者、服务内容、服务管理系统及服务评价体系。

——服务提供者在获得服务内容之后，通过服务管理系统管理服务内容并为服务获取者提供服务，包含建设数字资源、管理数字资源及资源管理系统的图书馆员，以及直接面向用户提供服务的图书馆员。

——服务获取者提出服务请求并从服务提供者处得到反馈，包括获取图书馆资源的机构、个人和机器，对服务获取者的研究是提高服务质量的关键。

——服务内容是指服务获取者想从服务提供者处得到的信息，包含数字图书馆管理的供用户使用的数据和信息，例如网上的免费资源、图书馆购买的和自建的资源、讲座展览、用户培训、参考咨询等，是数字图书馆服务框架的基本组成部分。

——服务管理系统：服务提供者管理服务管理系统并通过该系统组织资源，为用户提供一个友好方便的服务获取方式，是做好服务工作的重要途径。

——服务评价体系：也就是服务质量评价体系，包含自我评价和用户评价，是对服务态度、服务内容、服务质量的评价，需要一个科学的评价标准，以便改进工作方式方法。Saracevic、Kantor 和 Kyrillidou 提出了基于用户反馈的服务评价体系。[13]

第二章 国外数字图书馆服务研究现状

第一节 美国数字图书馆服务发展研究

一、美国数字图书馆发展历程

自20世纪80年代末90年代初以来，图书馆的自动化、网络化在美国基本实现，因特网在美国已得到广泛应用。以美国为首的西方国家在Internet背景下提出了数字化图书馆的概念，[14]1988年，美国国家科学基金会的伍尔夫(W. Wulf)撰写国际合作白皮书，正式提出了数字图书馆的概念。美国数字图书馆研究与建设实践经过了3个阶段。[15]

(一)第一阶段：数字图书馆发展的初期阶段

第一阶段数字图书馆建设的主要目的是积累数字化信息资源，其建设内容主要以文献的数字化加工及数字化信息资源的采集为核心，所选择的数字化加工对象多具有特殊的价值，技术上侧重于对所选择的文献信息进行数字化转换，对所需要的数字化信息资源进行采集，对形成的数字化资源进行组织，并提供对特定资源的检索与传递。这一阶段的项目中较有代表性的是“美国记忆”(American Memory)。

“美国记忆”是1995年美国国会图书馆在国会的支持下启动的数字图书馆项目，[16]该项目是国家数字图书馆项目(National Digital Library Program，简称NDLP)的一部分。项目主要由美国国会图书馆负责，其目标是将绘画、图书、地图、音乐、手稿、照片、视频、音频等反映美国历史、文化的主要史实性文献转换成数字资源，并在国会图书馆网站上对研究人员、学生、普通公众和全球互联网用户提供使用。

(二)第二阶段：以解决数字图书馆关键技术问题为核心

第二阶段数字图书馆建设的主要目的是为数字化信息资源存取与服务提供技术支持,其建设内容主要以分布式数字资源集成与服务的技术解决方案为核心,旨在形成一个基于集成信息服务的数字图书馆,其技术研发方向包括资源组织、系统互操作、分布式系统结构、数字版权保护等。这一阶段的研究更多地注重技术,其中较有代表性的有:美国数字图书馆先导研究计划一期工程(DLI 1)与二期工程(DLI 2)。

美国数字图书馆先导研究计划一期工程于1994—1998年完成,[17]由美国国家科学基金会(NSF)、美国航空航天局(NASA)和美国国防部高级研究计划局(DARPA)投资,资助6所大学从事数字图书馆相关技术研究。该项目在数字信息的分类和组织、海量信息的存取、影像资源的可视化和交互技术、网络协议与标准研究、网络信息资源的利用及相关群体行为、社会和经济问题研究等方面取得了进展。

二期工程于1999—2004年完成。二期工程在一期工程的基础上增加了4家资助机构,该项目的研究目的是开展数字图书馆相关课题的基础性、前沿性科学研究,开发下一代数字图书馆,为用户充分利用全球化、分布式的信息资源提供先进、可行的方法和技术。

(三)第三阶段:以信息服务为核心

第三阶段的数字图书馆是面向用户的数字图书馆,建设的主要目的是围绕用户的信息活动提供信息服务与知识服务。它的建设强调的是知识交流与知识发现,试图构建以数字图书馆为核心的知识网络。这一阶段中较有代表性的是美国国家科学数字图书馆项目(NSDL)。

美国国家科学数字图书馆项目始于1995年,其目标是建立、发展和支撑一个高质量的国家科学、技术、工程、数学数字图书馆,为各种级别的学生和教师提供广泛的信息获取途径和交互式学习环境,并为终身教育提供服务,其服务网站于2002年12月正式开通。

二、美国数字图书馆服务研究现状

经历了最近10多年的发展,美国数字图书馆的建设取得了很大进步，随着数字图书馆研究和实践的不断深入，数字图书馆服务类型和形式也不断演变，时至今日，人们对于各种数字图书馆服务的内容和技术框架也逐渐达成了一些共识。

通过调研 Google 等网络搜索引擎，同时对 Elsevier、Emerald、CSA、D-Lib 等图书情报学相关数据库进行检索，我们发现，以美国为首的一些国家近些年来对于数字图书馆服务的研究大致从以下两大方面开展。

一方面是对现代图书馆各项服务的继承、发展和完善，是现代信息技术在图书馆的应用。传统图书馆服务借助网络和计算机技术的优势，有了新的提供方式和研究方向，主要包括：已有资源的数字化及发布服务、资源的集成化服务、虚拟参考咨询等。

另一方面是数字图书馆的资源不再局限于文献范畴，它包括一切有利于用户获取知识和信息并产生新知识的载体和信息来源，即各种类型的文献、数据库、多媒体信息、网页、讨论组、指向其他信息资源的链接等网络信息资源，还包括蕴涵各种信息和知识的产品以及掌握知识的人，等等。

新的资源、新的存储和访问方式的出现带来了数字图书馆服务理念的转变，也给图书馆提出了一些新的服务任务，如：网络信息资源的采集和揭示、开放存取、数字资源长期保存、分布式资源和服务登记系统、知识服务、个性化服务、网格服务等。

此外，用户信息素质教育也越来越成为许多数字图书馆建设的重要内容之一。而多种服务类型的交叉融合也是目前数字图书馆服务的研究热点之一。

具体情况可参见表 2－1。

表 2-1　美国数字图书馆服务研究概况

服务类型	主要研究方向
资源的数字化和提供	数字化馆藏特色资源、数字化多媒体资源服务、电子文献传递等
资源和服务的集成化	跨库检索、集成服务描述、资源与服务登记、Z39.50、OAI、OpenURL 等
参考咨询服务	FAQ 知识库建设、专家系统、VRS、实时问答、个性化推送等
网络资源采集与服务	资源发现、元数据提取、元数据收割、自动编目等
开放存取	OA、机构知识库、DSpace 等
数字存档	数字资源缴送(Legal Deposit)、数字资源长期保存、永久标识符等
知识服务	知识导航:基于 Ontology 的知识组织 知识关联:Context,基于语义的情景敏感的网 知识发现:知识挖掘、抽取、推荐、过滤等知识检索
网格技术的应用	网格检索、网格门户、分布式互操作等
用户教育	E-Learning、用户培训、学习网格等

三、代表性研究或项目介绍

(一)数字图书馆服务相关研究项目

在美国国家科学数字图书馆(NSDL)项目的资助下,美国图书馆领域开展了许多数字图书馆服务相关研究,这些项目大多由美国高校来建设完成,见表 2-2。

表 2-2　美国数字图书馆服务有关研究项目

项目名称	时间	单位	研究概况
OCKHAM[18]	2003—2005	NSDL 资助，由爱默里大学、亚利桑那州大学、弗吉尼亚工学院和圣母玛利亚大学合作完成	目的是为了通过现有的国家基础设施的传统图书馆，提高学习群体对 NSDL 的使用。项目建立一个参考模型和试验服务网络，从而使传统的图书馆通过它们的局域服务项目能够提供使用 NSDL 的渠道。
Enhancing Interoperability of Collections and Services[19]	2001—2003	加利福尼亚大学伯克利分校、密苏里大学哥伦比亚分校	目的是提高馆藏和服务的互操作性。其中，加利福尼亚大学伯克利分校的工作重点是馆藏资源的互操作性，而密苏里大学哥伦比亚分校是集中力量提高服务的互操作性。
Enhancing Interoperability of NSDL Collections and Services[20]	2003—	佛罗里达大学	目标是支持 NSDL 馆藏与服务的互操作性。调查研究以下 3 个方面：联合跨库检索和数据挖掘、概念浏览、馆藏汇总。
Digital Library Service Integration[21]	2003—	NSDL	集成各种数字资源，为用户提供在统一的检索平台上进行集成检索，提供个性化的信息服务，建设数字参考服务系统，由此实现不同系统间的无缝链接，建立完整的网络化信息服务体系。

续表

项目名称	时间	单位	研究概况
Integral (Integrating Libraries): Expanding the NSDL's Reach to Traditional Libraries through Resource Integration[22]	2004—2007	NSDL	为广大的传统图书馆用户提供通过他们图书馆在线资源获取NSDL资源的方式。使得NSDL用户在他们本地图书馆可以获取数字图书馆体系和传统图书馆体系中的相关馆藏资源和服务。
WDL (World Digital Library)	2009—(2005年倡议建立)	国会图书馆等	建立世界数字图书馆,目的在于促进不同文化间的理解,提高网络文化内容的质量和多样性,为教育界和学术界提供文献资源。其工作重点之一,就是提高发展中国家建立数字图书馆的能力,推动所有的国家和地区都能参与这一全球共享的文化事业。

注:WDL并非美国数字图书馆项目,但因其范围和影响均较大且由美国国会图书馆发起并托管网站,故将其列于此。

(二)图书馆服务框架相关研究项目

随着互联网技术和一些新的服务理念的出现,数字图书馆服务的发展和研究也日新月异,但是由于研究领域的分散,服务内容彼此之间条块分割,缺乏建设方向的指导和统一的组织,因此数字图书馆的研究出现了一个新的领域——有关图书馆服务框架的研究。数字图书馆的发展需要一个具有总体协调作用的服务框架,以适应网络信息环境和用户需求的迅速变化。美国一直走在数字图书馆发展的前沿,在数字图书馆服务框架方面,他们已经开展的研究主要有以下两项。

1. DLF的SFG

数字图书馆联盟(Digital Library Federation,简称DLF)于2005年资助成立服务框架小组(Service Framework Group,简称SFG)。SFG试

图建立一种框架，将图书馆提供的服务都以业务逻辑和计算机流程来表示，以便其能被其他相关服务或外部信息环境所理解，而研究机构也就能提供更准确的服务，来迎接用户日益变化的信息需求。[23]具体研究内容见表2－3。

表2－3　SFG的主要内容

内容	说明
概念界定	服务框架，就是一个参考模型集和一系列用于表示模型和建立模型关联的概念集和词表。服务框架覆盖了所有描述图书馆业务目标的实体，包括在不同粒度层的描述，同时还包括支持这些目标的服务。
设计原则	面向服务、具有一致性和黏合性、外部开放性。
框架的词表和结构	包括业务需求、业务流程、业务功能、抽象服务、业务实体等。
示例	（略）

2006年7月1日，研究图书馆协会（RLG）与联机计算机图书馆中心（OCLC）合并，RLG的产品和服务都并入了OCLC现有的项目和研究中。[24]目前，在OCLC中，与服务框架研究对应的是新服务系统的建模（Modeling New Service Infrastructures）。其目标是：帮助图书馆、档案馆和博物馆取得对服务流程的共识。这些机构负责这些服务流程，并且要通过构建这些服务流程的原型来展示新的框架，并且要用开源代码和软件来实现它们。

2. Fedora Service Framework

Fedora是由Cornell大学和Virginia大学图书馆联合开发的一个开源软件，通过弹性的面向服务的体系结构，能够辅助机构管理和发布其数字资源，核心是一个强大的数字对象模型。[25]

Fedora 2.1版推出了Fedora服务框架（Fedora Service Framework），其主要作用在于使各种新的服务集成于Fedora知识库内。该框架采用面向服务的体系结构（Service Oriented Achitecture，简称 SOA)。Fedora 将自身的功能显示为 WS 接口集,所有的接口都属于 Fedora web 应用。

Fedora 服务框架支持许多种服务:知识库、专题采集服务、工作流服务、保存服务等。[26]服务框架有两方面的好处:首先,支持新的功能以原子的模块化服务加入进来,这些服务能与 Fedora 知识库交互,但不是其组成部分;其次,它使新服务的联合开发更加容易实现,因为每种服务都可以独立开发然后插入框架内。

Fedora 服务框架于 2005 年提出,2007 年完成。最早引入 Fedora 的两个服务为:OAI 提供者(OAI Provider)和目录采集服务(Directory Ingest Service)。此外,还有其他一些服务进入了该框架,比如 Fedora 检索(Search)、工作流(Workflow)、保存完整性(Preservation Integrity Service)、保存监控和提醒(Preservation Monitoring and Alerting Services)、事件提示(Event Notification Service)、永久标识符解析(Persistent Identifier Resolution Service)和 OpenURL 访问点(Open URL Access Point)服务等。

四、美国数字图书馆服务变化趋势总结

从美国数字图书馆服务的发展历程中,我们可以看到,其建设的重心逐渐由特色化资源服务转为基于资源的高质量信息服务为主,以技术主导转为用户主导,从应用某项单独技术或标准作为服务手段到不同系统、不同服务内容之间的集成和整合,从新技术不断引入促使服务方式被动变革到建立服务模型来提高系统的扩展性和应对环境变化的主动性。随着技术的发展和理念的变化,服务方式总在不断变化,要想跟上甚至超前于这些变化,重要的不只是对单个服务及其技术的研究,更重要的是能够探讨出一个统一的概念框架,通过标准化的方式来组织和管理各项服务,同时通过高效的反馈机制来及时地获取内外部环境和需求的变化,以便最快速度做出应对。

而本项目研究重点——数字图书馆服务框架,正是要探讨这样的概念框架,SFG 的研究给了我们很好的启发,而如何结合我国图书馆

的实际情况——目前的研究和服务现状，来构建适合我国国情的数字图书馆服务框架则是我们要思考和研究的。通过框架的构建来捕获服务变化的动因和发展方向，不仅能够指导国家图书馆数字图书馆建设，也给国内数字图书馆服务的开展提供更有前瞻性和长远意义的指导。

第二节　欧洲数字图书馆服务研究现状

一、欧洲数字图书馆及其服务发展现状

（一）欧洲数字图书馆的发展历程

数字图书馆的概念出现于20世纪90年代中期。在全球范围内，数字图书馆得到了很多国家政府的大力支持，美国、英国、法国、德国、日本和俄罗斯等近20个国家和地区相继投入巨资，开展数字图书馆研究，其第一批成规模的成果已在互联网上陆续出现。欧洲数字图书馆研究与建设紧随在这一领域领先的美国，10多年来经历了较大的发展。

综观欧洲数字图书馆的发展历程，呈现多国数字图书馆联合筹建与各国根据各自特点分别建设数字图书馆共同发展的局面，服务范围也从单一逐步走向综合。

在众多欧洲国家，英国较早展开数字图书馆的建设。早在1992年，英国De Monfort大学的一所分校就开始研制数字图书馆，其主要目标是构建一个数字图书馆原型系统，使De Monfort大学师生能通过校园网利用PC机或工作站直接存取经常被使用的图书、期刊、课程资料的全文以及多媒体学习软件包等。随后英国联合信息系统委员会（Joint Information System Commitee，简称JISC）发起的eLib项目也于1995年春季掀起了第一浪热潮。[27]1996年以来，德国、法国、俄罗斯纷纷斥巨资建设数字图书馆。

在这个过程中，欧洲各国合作进行数字图书馆建设也是这一进程中的重要特点，如1995年开始的“G8全球信息社会数字图书馆项目”、2004年开始的DILIGENT、2005年开始的i2010等。2004年年底

Google 计划的退出促成了欧洲六国倡议建设欧洲数字图书馆，整个欧洲开始在这一领域走向更进一步的联合。

（二）欧洲数字图书馆服务分析

在欧洲影响力比较大的数字图书馆项目见表 2－4。

表 2－4　欧洲主要的数字图书馆项目

国家	项目	概况
法国	Gallica 2000[28]	项目开始于 1997 年，是扩充更新后的法国国家图书馆的数字图书馆最新版本，于 2000 年年末推出，是目前世界上最大的免费数字图书馆之一。其中含有法国图书馆从中世纪到 20 世纪初的藏品。
	IE-2005，AQUARELLE[29]	是运用多媒体技术构建一个共享欧洲文化遗产的信息工程项目。该项目由英国、法国、意大利、希腊的相关机构合作进行。项目的重点在于开发一个良好的资源发现系统的同时，建设两个图文并茂的文物资源库（法国巴黎的数字卢浮宫及意大利佛罗伦萨始建于 1560 年的数字阿菲斯美术馆）。
	JOUVE 信息数字化项目[30]	1998 年由法国文化部启动。该项目着重于历史遗迹、考古学及建筑领域图片的数字化并提供其相应目录和解说的编制。
	Enluminures 项目[31]	里昂图书馆的数字资源项目，对从公元 5 世纪到中世纪的 200 种手稿中所选择的 3000 幅图像进行了数字化处理。
德国	德国 1996—2000 年信息技术发展计划	1996 年 8 月由德国联邦内阁会议正式通过，中心内容是建立全球性数字图书馆和开展电子出版业服务，政府将投资 2.86 亿马克。
	全球信息网络化项目（GLOBAL INFO）	启动资金 1.2 亿德国马克。

续表

国家	项目	概况
俄罗斯	俄联邦电子图书馆	1998 年，俄罗斯启动数字图书馆研究与发展计划，出台了《俄联邦电子图书馆》部际规划草案。俄罗斯科技部经过 3 年的调研，认为在俄罗斯建立分布式电子图书馆网十分重要，它需要联邦、区域和地方的组织及科学、文化、教育领域和商业机构的大量资源和广泛合作。尤其重视标准和工程方案，以及对电子图书馆职能的法制观点（包括知识产权问题）的研究。
英国	eLib[32]	由英国高等教育委员会 JISC 资助。第一浪高潮开始于 1995 年春季，总项目数大约有 60 个，分成 13 个领域。有一些项目已经结束，另一些开始了新一轮的深入研究。主要涉及的服务领域有：网络情报资源检索、电子文献传输、电子期刊服务、电子短期借阅、培训及普及、数字化馆藏资源、即时出版、预印本服务、虚拟联合目录等。
联合项目	G8 全球信息社会数字图书馆项目[33]	1995 年由法、日、美、英、加、德、意、俄 8 个国家的图书馆联合推出，是一个分布式的多媒体信息系统，所有信息库由负责数字化和内容标引的当地实体和国家权威单位管理，G8 国家和全球公民只要通过现有的可互操作的一些网络和终端就能对这些信息库加以利用。
	DILIGENT[34]	2004 年 9 月由欧盟拨款 630 万欧元启动。目标是创建一个先进的试验平台，使动态虚拟的组织成员能够以安全、协调、动态和低成本高效益的方式开展合作，存取共享的知识。DILIGENT 原型项目的建设目标表明：欧洲数字图书馆的建设正朝着与网格技术结合，面向 e-Science 需求的虚拟数字图书馆迈进。

续表

国家	项目	概况
	i2010:欧洲信息社会数字图书馆项目[35]	旨在使欧洲的文化和科学资源能够被所有人利用。该项目在内容方面包括印本资源的数字化形式和原生数字化资源,这些资源可以被公众使用。由以下几个部分组成:i2010 Communication,以文化遗产方面的资源为重点的数字图书馆(2005);联机咨询(2005),与数字化、联机存取和数字化资源长期保存有关的问题。

此外,荷兰、西班牙、瑞典等国也都曾启动数字图书馆项目,对档案馆、图书馆和博物馆在馆藏的注册、图像抓取和数字化方面进行研究。

总体来说,欧洲数字图书馆的建设主要基于图书馆馆藏进行各种网络服务,如网络信息检索、电子文献传输、预印本服务、虚拟联合目录等。从建设初衷来说,学校图书馆主要是利用现代技术为教学科研服务,科研机构和各种非营利性组织致力于建设科学研究的信息化、推进全球范围的 e-Science,而政府机构建设数字图书馆则主要是出于保护欧洲文化的考虑。

二、欧洲数字图书馆服务研究概述

笔者于 2010 年 1 月 1 日登录 Emerald“Current Awareness Abstracts”数据库,[36]以“Europe * digital library”为检索词,在除全文以外的任何字段检索,共得到检索结果 33 篇。年代及主题分布如表 2-5所示。

表 2-5 Emerald 数据库中有关“欧洲数字图书馆研究”的检索结果

年份	篇数	主题
1994 年	1	版权
1998 年	1	网络存取
1999 年	1	版权
2001 年	1	信息服务
2002 年	1	人文
2003 年	2	版权、语义网
2004 年	4	教育、文化遗产、管理、欧洲数字图书馆
2005 年	9	联合目录、文献传递、LIDA、合作、文化遗产数字化、数字鸿沟
2006 年	5	欧洲数字图书馆、合作
2007 年	7	欧洲数字图书馆
2008 年	1	信息交流技术
2009 年	0	—

从表 2-5 可以看出，近几年欧洲数字图书馆界围绕“欧洲数字图书馆”展开了一系列研究，涉及版权、欧盟各国的数字鸿沟、各国合作等。Google 计划给欧洲各国带来了恐慌，这也是近几年欧洲建设数字图书馆、保护欧洲文化的直接原因之一。

笔者又于 2010 年 1 月 1 日登录 CSA，[37] 以“(Europe or England or France) and (digital library) and service”为检索词，共得到 48 个相关结果。其年代及主题分布如表 2-6 所示。

表 2-6 CSA 数据库中有关"欧洲数字图书馆研究"的检索结果

年份	篇数	主题
1996 年	1	书目服务
1997 年	3	书目馆藏文献
1998 年	2	馆藏查询
1999 年	6	新型资源的获取全文服务、科技参考艺术资源网络资源、机构知识库
2000 年	4	电子文献传递、集成图书馆系统
2001 年	4	新媒体数字内容
2002 年	3	图像信息获取、信息可视化
2003 年	3	E-Learning、资源整合
2004 年	3	数字参考咨询、知识管理
2005 年	6	数字图书馆的协作、网络传播、网格服务
2006 年	5	文化遗产获取、元数据收割
2007 年	2	元数据
2008 年	4	多媒体资源保存
2009 年	2	文献数字化、电影门户

表 2-6 反映了欧洲关于数字图书馆服务研究的历程。2000 年以前研究的焦点主要是基于书目、馆藏的服务,层次较浅;2000 年前后论文数激增,主题也转向电子文献传递、全文服务等;2003 年以来开始关注 E-Learning、数字科研环境、网格服务、元数据收割等问题;近两年开始关注文献数字化、多媒体资源与服务等,这些问题也是业界普遍关心的问题。

另外,贯穿欧洲数字图书馆相关问题研究的一个重要线索是欧洲数字图书馆研究与先进技术大会(European Conference on Research and Advanced Technology for Digital Libraries,简称 ECDL),[38—42] 至今已经举办 11 届,已成为欧洲国家探讨与数字图书馆相关的技术、实践、社会影响等问题最主要的交流论坛。该会议的议题涉及数字图书馆的各个方面,包括数字化信息管理、个性化服务、数字内容、馆藏建设、多媒体信息管理、用户界面、系统评估等方面。

三、欧洲数字图书馆服务给我们的启示

建设数字图书馆的过程中涌现出大量引起业界关注的项目,尤其是 G8 数字图书馆项目、i2010 等,这些都是合作建设的成果。数字图书馆工程涉及的问题千头万绪,仅仅依靠某个单位或个人的力量显然是无法完成的,所以合作显得非常重要。因特网的无国界特性又使合作的空间范围进一步扩大,从某个大学扩大到某个州、国家、大洲乃至全球。建设过程中出现的问题,也都可以通过国际国内合作方式予以解决。

对于国家文化的保护。欧洲数字图书馆的建设及服务建立在各国图书馆、档案馆和博物馆等机构的馆藏,通过网络宣传历史、文化、经济和行为。中华文明博大精深、源远流长,我们的数字图书馆服务也应体现中华文化的特色。

另外,个性化服务越来越重要。用户越来不满足常规服务,而是希望定制资源,满足特定的需求。这应是数字图书馆服务的走向。

第三节　澳大利亚数字图书馆框架研究

一、澳大利亚数字图书馆框架研究进程

澳大利亚国家图书馆承担着开发、建设和维护全国性信息资料收藏的任务,并向全澳大利亚人提供信息利用和服务。在过去 10 多年里出现的信息技术,使得资源的存取格式开始转向数字化。澳大利亚国家图书馆数字化发展战略指明,国家图书馆将有效利用新的网络技术,实现对馆藏物件的数字化制作、存储和管理,并提高对数字化收藏的网络存取。[43]1996 年,澳大利亚国家图书馆启动“澳大利亚数字图书馆先导计划”,研究数字图书馆的建设课题。[44]随后开发了著名的保护

和存取澳大利亚网络信息资源项目（Preserving and Accessing Networked Documentary Resources of Australia，简称 PANDORA）。[45]配合这一系统，目前澳大利亚国家数字图书馆框架包括管理、发现和传递馆藏数字资源功能模块，框架中的各模块通过业内认可的标准协议相互访问。澳大利亚国家图书馆利用这一服务框架提供超过100 000数字对象的访问，包括归档长期保存的网站和经过数字化加工的画报、地图、活页乐谱、手稿及音像制品。

"澳大利亚数字图书馆先导计划"作为数字服务项目的一部分，开发了一个支持电子出版物及数字化资源的服务框架。该框架由 5 层组成：发现服务层、永久（资源）标识符解析服务层、传递系统层、数字对象管理系统层、数字对象存储系统层。

2001 年，澳大利亚图书馆开始大规模地扩大数字化范围，新加入的数字资源包括：珍稀地图、澳大利亚早期的活页乐谱以及精选的手稿。这类数字资源是澳大利亚文化遗产中的重要组成部分。

2006 年图书馆委托开发团队，对数字化服务项目作出评审，并定义出了一套为此后 3 年数字资源的管理、发现和传递服务的 IT 框架，[46]该框架为现有的图书馆服务系统带来 3 个变化：实现基于服务的架构（SOA）；采用单事务（Single Business）处理方法；思考引入功能强大鲁棒性（robust）强的开源项目。

澳大利亚数字图书馆系统框架的主要模块包括：

• 数字对象存储系统。

• 数字对象归档系统。图书馆员工利用这一工具可以收集并管理待长期保存的澳大利亚的网站。

• 数字资源采集器。图书馆员工利用它提供的工具对已数字化的馆藏资源进行管理。

• 元数据存储及搜索系统。

• 永久（资源）标识符解析服务。利用这一服务，可以为每个数字资源分配一个唯一的永久标识符，并提供通过该标识符的数字资源网络访问。

• 数字化馆藏资源发布系统。例如经过加工的画报、地图、活页乐谱、手稿及音像制品等数字化资源。

澳大利亚数字图书馆框架定义遵循以下原则：

• 服务于数字资源整个活动周期（采集、存储、管理、发现、传递及长期保存）。

• 能集成数字资源与纸质资源的访问。

• 确保图书馆数字资源中的每一个元素可以被永久地引用和访问。

• 支持分层数字图书馆数据模型，用以存储具有复杂属性的数字资源。（例如，一份手稿可能是一封信中众多手稿的一部分，这封信又是一系列信件中的一份，这一系列的信件又是手稿集中的一部分。）

• 提供用户适合的关于数字对象的上下文信息以便用户能快速找到相应的目录。

• 确保数字资源管理系统具有一定的逻辑扩展性，以便与其他图书馆的管理系统进行交互。

图 2－1 说明了澳大利亚国家图书馆数字服务框架的组成。

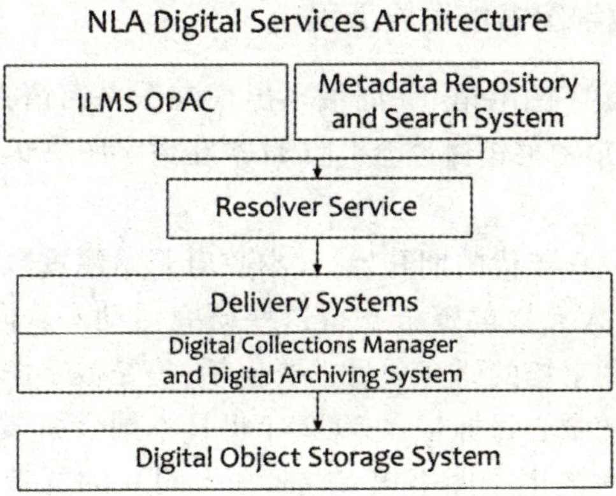

NLA Digital Services Architecture

ILMS OPAC

Metadata Repository and Search System

Resolver Service

Delivery Systems

Digital Collections Manager and Digital Archiving System

Digital Object Storage System

图 2－1　澳大利亚国家图书馆数字服务框架

二、未来发展趋势

澳大利亚图书馆将2006—2008年的主要目标定为“进一步简化、集成服务，同时采用新的方法进行知识的收集、共享、记录、传播以及长期保存，以此加强知识的创造来更好地满足用户查找、获取资料的需要”。具体工作遵循以下5项原则：

• 确保对澳大利亚及澳大利亚人有意义的记录被收集并安全地保存；

• 提供用户方便、快捷的获取图书馆数字资源的服务；

• 证明国家图书馆在文化、学术、社会生活中的重要作用，培育一种接受、理解、享受国家图书馆及其资源的文化氛围；

• 确保澳大利亚人能通过图书馆获取到有价值的信息，并且在这个飞速变化的世界里始终保证信息的有价值性；

• 参与在线交流，加强图书馆的可见性。

第四节　日本数字图书馆服务研究

一、日本数字图书馆发展历程

在日本，“数字图书馆”一词最早出现在图书馆情报大学1994年8月举行的“数字图书馆讨论会”上，日本在数字图书馆的研究方面是走在前列的。[47]

从20世纪90年代中期开始，日本政府开始注重数字图书馆的研究与开发，并投入大量的资金支持这些研究活动。从内容来看，日本政府支持数字图书馆的研究项目主要包括：一是数字图书馆联合研究项目。该项目的中心目标是在2002年将日本国会图书馆关西新馆建设成为日本最大的电子图书馆，装备基于ATM的宽带B-ISDN网络。二是日本导航性电子图书馆项目。这一项目是由情报处理振兴事业协会与国会图书馆通力合作规划的。其目标是瞄准21世纪的电子社会或网络社会，建立基本的技术基础结构。三是国会图书馆关西新馆项目。[48]

进入21世纪，日本政府对国会图书馆着重于资源建设，并采取政府与各地方及高校合作与协作试验，其中，文部省主要推动高校图书馆及其网络向电子图书馆转化，对于数字图书馆研发则划分3类：一是以藏品为中心；二是以信息系统为中心；三是以用户与社会需求为中心。目前正在建立全国性多元数据库与主题网络，并已在网上提供“公共图书馆数字图书馆系统”。

日本在数字图书馆项目或其网络工程中，由国家和地方投资共同建立不同规模的数字图书馆试验基地，这些项目的建设，为政府直接取得第一手经验，提供了充分的试验条件。由于日本政府注重国家与地方及大学共同进行数字图书馆建设，促进了政府与国民的沟通，尽可能形成社会的亲和力。另外公司企业也积极参与其中，更促进了数字图书馆技术的发展及技术向现实服务的转化。

二、研究开发活动

在日本，不同领域开展的数字图书馆项目众多，具体见表2-7。

表2-7　日本主要的数字图书馆项目

项目	概况
Pilot 电子图书馆项目[49]	日本先驱性电子图书馆项目或实验性电子图书馆项目。1994年，由日本政府投资1700万美元实施，包括国家联合目录网络项目和电子图书馆实践试验项目两个子项目。国家联合目录是一个资源共享的基础设施；电子图书馆实践试验项目是整个计划的重点，分3个步骤进行：资料的数字化、数据库的建立、信息检索（包括书目检索、菜单检索以及全文检索）。
电子图书馆主干系统计划	目的是建立一个图书馆业务主系统，使3个彼此分离的设施（东京本馆、关西馆、国际儿童图书馆）作为一个整体发挥作用，提供包括电子图书馆服务在内的各种服务，并进行资源整合。

续表

项目	概况
亚洲信息提供系统	提供1948年以来日本国立国会图书馆收藏的用10种亚洲语言编写的9万张目录卡片的影像;6000多种连续出版物(包括报纸)的题录数据库;2000种单行本和连续出版物的全文数字化位图影像,共计47万幅。
数字存档门户(PORTA)[50]	导航日本所有数字信息的综合性网站,可以整合检索与国立国会图书馆合作的数个数字图书馆的数字资源和纸质资料的目录,以及各种参考信息。目前这个系统的合作伙伴包括国立公共文件馆、内阁官房、两个县立图书馆和一个志愿者组织青空文库等几家单位。PORTA提供多种检索方法,如简单检索、高级检索、联想检索、分类检索、工具书检索,不仅可以显示检索结果,还可以链接到相关的信息源,既可以查询馆藏纸本信息,也可以查询相关的电子信息及网上书店的信息;另外,用户若在PORTA进行注册,还可以定制服务。为了元数据的共享,PORTA使用OAI-PMH、RSS来收集元数据,使用SRW、Z39.50协议来进行跨库检索,同时PORTA还提供了API,使国立国会图书馆之外的其他机构也能够应用PORTA的检索功能。
儿童图书数字图书馆项目[51]	1995年开始实施,建立在日本国立国会图书馆的上野分支图书馆。由4个系统构成:①儿童图书信息检索系统,可以与数字化文本链接。②交互式试验系统,该系统把联合国教科文组织(UNESCO)亚洲文化中心出版的3种图画书数字化成彩色位图影像,人物的语音也数字化成声音数据。这些数字图书能进行交互式存取。③儿童导航系统,引导读者根据自己的兴趣获取有关图书的信息。④声音交互信息检索系统,通过对话就可以得到有关图书的信息。

续表

项目	概况
奈良科技大学（NAIST）的Mandala电子图书馆	NAIST校园里的任意一台计算机都可以24小时访问Mandala图书馆；多数数字化资料是以数字化图像数据形式显示的，其中一些用OCR技术转换为文本数据，供全文检索，检索速度比较快。Mandala图书馆也对校外用户开放，但出于版权方面的考虑，只有NAIST的学位论文、研究报告和其他信息对外提供服务。版权问题一直是数字化图书馆建设中最大的瓶颈，因此，NAIST在1992年即建立了一个专门的版权委员会，负责与出版商协商版权问题，取得一定成效。
其他项目[52]	• 富士通、日立、日本电报电话、东芝等日本大公司对数字图书馆的研究与开发活动表现出很高的热情，它们除斥以巨资外，还关注着全文检索方法、OCR技术改进、数字化信息的准确识别、数字图书馆用户界面的可视化和导航功能等方面的进展。 • 日立公司中央研究实验室开发了能容纳OCR识别错误的检索技术，并在全文检索系统Bibliotheca/TS中得以实现。 • IBM东京实验室开发了一种集成可视化与导航功能的信息纲要技术。 • Telematique国际研究实验室开发了图像处理和字符识别方面的先进技术，还开发了一个可归入“虚拟图书馆”的数字图书馆原型系统。 • 日本邮政省、地方政府和公司企业等190多家单位于1992年在关西科学城创立了“宽带综合业务数字网商业机会与文化创建（B2ISDN Business Chance&Culture Creation，简称BBCC）”组织，开展了多个多媒体应用项目，其中就包括数字图书馆项目。这些项目对日本国立国会图书馆关西分馆的发展有着实质性贡献。

三、发展方向及相关问题

日本数字图书馆服务框架的发展方向有以下几点。

• 多媒体电子图书馆：集成文本、图像、视频的多类型载体的存储与使用，并且与档案馆、美术馆、博物馆之间建立数字合作与整合。

• 各类型文本的检索：对于全文检索不仅可以使用关键词群，还可以配合上下文连贯、目次检索等，不仅可以提取全文内容，还可以提取不同章节的内容，可以提取相关段落，检索结果文本多语种的自动翻译。

• 图书馆业务的自动化：利用图书的数字化或直接利用电子图书，从中提取出相关部分实现自动编目，并且可以实现自动借阅功能，利用机器翻译功能实现多语种图书的一次性检索，并且通过文本分类聚类功能自动连接到相关类似图书。

待解决的问题主要有以下方面。

• 技术：标准的制定及使用。由于一些项目没有使用标准协议，使其缺乏与外部系统的互动性与兼容性，如日本国立国会图书馆数字图书馆基础系统。图书馆拥有多种语言文字的文献资料，而现有的网络信息资源主要以英语为主。对于利用因特网建立起来的数字图书馆来说更应处理好多语言环境问题，在技术上仍需进行深入的探索。

• 著作权。现行的著作权制度保护的对象主要是传统的印刷型出版物，而对电子出版物的著作权保护很难适合。在数字图书馆的开发研制中也遇到同样的问题。日本在这一问题上采取很多的努力，日本国会图书馆成立了“网络存档制度化推进本部”，经过几年的努力，目前有了新进展。

第五节　各国服务框架研究

一、DLF Service Framework

（一）项目概述

DLF（Digital Library Federation，数字图书馆联盟）于2005年资助成立SFG（Service Framework Group，服务框架小组）。SFG试图建立一种框架，将图书馆提供的服务都以业务逻辑和计算机流程来表示，以便其能被其他相关服务或外部信息环境所理解，而研究机构也就能提供更准确的服务，来迎接用户日益变化的信息需求。[53]

（二）概念界定及设计原则

SFG对服务框架的界定是：所谓服务框架（Service Framework），就是一个参考模型集和一系列用于表示模型和建立模型关联的概念集和词表。服务框架覆盖了所有描述图书馆业务目标的实体，包括在不同粒度层的描述，同时还包括支持这些目标的服务。

抽象服务（Abstract Service），也即将某一业务功能抽象为（网络化）系统功能的一个具体组件，包括对该业务的功能范围描述，以及该业务的行为和相关数据的抽象模型。

SFG认为，图书馆服务的发展应该是业务目标驱动式，而图书馆系统的各项功能应该与这些业务流程相匹配。因此他们确定了框架设计的几项原则：

- 面向服务。这是系统开发中的一种模块化方法，可对模块进行组合，或将各个来源的服务组件进行重组。
- 具有一致性和黏合性。对服务的描述有利于环境变化时系统保持一致性以及系统间进行交互。服务框架的内部结构必须具有黏合性，支持参考模型在框架内的水平和垂直调用。
- 外部开放性。不仅适用于图书馆系统内部，更要能够为图书馆外部环境所访问。

（三）服务框架：词表和结构

用于框架内表示图书馆业务逻辑的框架和词表,如图2－2所示。

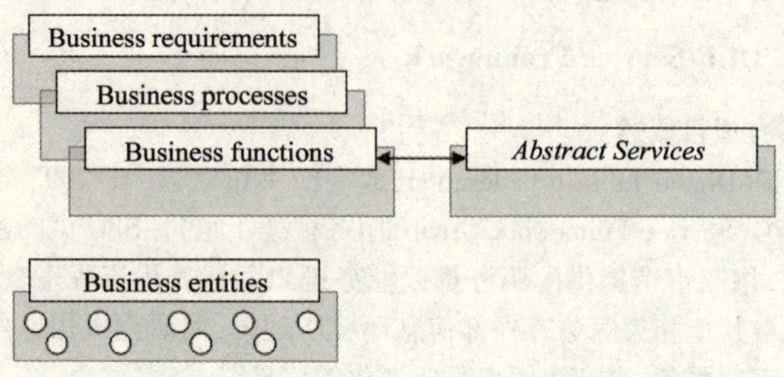

图2－2　SFG图书馆业务逻辑的框架和词表

(1)术语

业务需求(Business Requirements):组织全局目标中可确定的一部分,比如,保存数字资源。

业务流程(Business Processes):业务需求中可确定的一部分,比如,将数字资源纳入知识库。

业务功能(Business Functions):业务流程中可确定的一部分,比如,验证所摄取的资源格式有效性。

抽象服务(Abstract Services):将某一业务功能抽象为(网络化)系统功能的一个具体组件,包括对该业务的功能范围描述,以及该业务的行为和相关数据的抽象模型。

业务实体(Business Entities):业务环境内的重要实体,通常用元数据来表示。比如:服务(service)、人(person)、组织(organization)、资源(collection)、政策(policy)和事务(transaction)。

(2)示例

图2－3所示是OAIS(Open Archival Information System,开放档案信息系统)参考模型的业务逻辑图,SFG的服务框架就是要实现类似的功能。

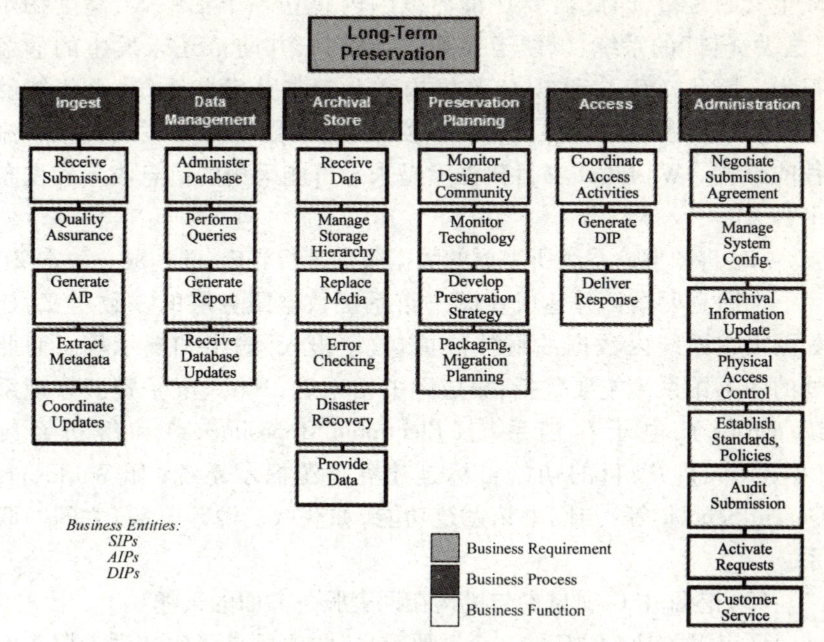

图 2－3　OAIS 参考模型的业务逻辑图

(四)项目进展及应用

2006 年 7 月 1 日,RLG(研究图书馆协会)与 OCLC(联机计算机图书馆中心)合并,RLG 的产品和服务都并入了 OCLC 现有的项目和研究中。[54] 目前,在 OCLC 中,与服务框架研究对应的是建模新的服务框架(Modeling New Service Infrastructures)。其目标是帮助图书馆、档案馆和博物馆取得对服务流程的共识,因为他们要负责这些服务流程。同时通过构建这些服务流程的模型来展示新的框架,并用开源代码和软件来实现这些框架。目前该领域包括两大项目共 4 个子项目:[55] 创建新的框架和服务范围,此项目包含 4 个子项目,其中一个已经完成,具体如下。

(1)丢书系统(测试版)

丢书是全世界图书馆和档案机构内常见的困扰,尤其是那些比较宝贵的古籍，因此需要在世界范围内建立一个集中式、高度揭示“已丢资料”的系统，以便于找到所丢资料，并防范还未发生的偷盗行为。因此，OCLC 和 RLG 等机构联合起来开发此系统，希望能够公开各机构丢失的珍稀资料的真实信息，暴露现有政策或者服务流程的弊端。WorldCat 书目数据库是未来可能采用的信息收集和发布平台。

(2)将图书馆系统所需要的数据服务进行界定，并达成一致定义

也即是要设计并达成在图书馆系统数据服务层的一致定义，比如图书馆系统内数据的最佳位置、数据摄入、输出和揭示等。而此处的图书馆系统主要包括：集成图书馆系统(ILS)、电子资源管理系统(ERMS)、电子存档系统(Electronic Repositories)和解析系统(Resolvers)。项目的初始目标是建立资源揭示系统(如 WorldCat, Google Scholar 等)与图书馆系统功能(如获取资源等服务)之间的联系。

(3)挖掘 RLG 项目参与机构在词表服务方面的兴趣

词表服务是 OCLC 的一个重要项目，此项目是要建立词表服务的原型系统。所谓词表服务主要针对受控词表，包括叙词表、主题词表等。该原型使用的是图书馆和网络标准，使受控词表内的术语、关联、描述和其他信息能够通过网络来获取。这些数据在许多方式下都是可检的，比如：图书馆用得比较多的以 XML 表示的 MARC 规范格式，语义网应用较多的 SKOS 核心词表等。

(4)推动版权信息登记系统的建设

版权信息登记系统(The Copyright Evidence Registry)是 OCLC 在 2008 年 7 月 1 日开始进行的为期 6 个月的实验性服务。该系统建立在世界范围内成千上万家图书馆共享的超过 1 亿条 WorldCat 书目记录基础之上，旨在鼓励图书馆员和其他感兴趣的各方共享图书版权状态相关信息，以促进版权信息共享，避免重复建设。

实验计划首先要完成系统的基本功能测试。用户可以在系统中对图书的版权信息进行检索，了解其他人共享的相关信息，同时也可

以通过系统贡献自己所知的内容。实验后期,OCLC 将对系统增加新的功能,使图书馆能够建立并自动运行一套符合其版权定义的版权规则,这套规则将帮助图书馆分析从 OCLC 版权登记系统中所得的信息,形成自己的结论。

而此项目主要参与如下建设:分析 WorldCat 现有记录,确立现有版权信息的基准;与使用版权信息的 RLG 参与机构沟通,并且记录目前的使用进展;提供沟通后的结论。此项目目前已经完成。

(5)通过搭建原型或者开发软件来展示新服务发展的可能性

此项目包含一个子项目:在互联网上提高资源和服务的揭示度。通过开发一系列的活动来发现那些能够更有效揭示图书馆资源和服务的方法,通过生成与 OCLC 服务的链接,从而提高 WorldCat 记录在网络搜索引擎内的排名。

二、JISC Information Environment Architecture[56]

(一)概况

英国的 JISC Information Enviroment Architecture(简称 JISC IE)从 2001 年开始,2005 年结束,由非营利组织联合信息系统委员会(Joint Information System Committee,简称 JISC)提供赞助。JISC IE 致力于通过资源的揭示和管理工具,方便、快捷地提供学习和科研所需资源,同时不断开发更好的服务。IE 致力于实现分布式的资源揭示、获取和使用。

(二)框架内容

JISC IE 的技术框架描述了一系列开发和传递集成化网络服务所需的标准和协议,这些网络服务使得终端用户能够发现、访问、使用并发布数字化或实物资源,并将其作为他们学习和科研活动的组成部分。

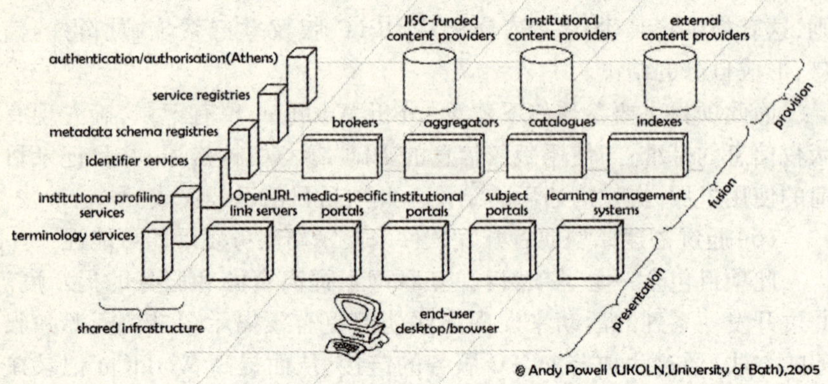

图 2－4 JISC IE 的服务框架

该框架内支持的活动类型包括：

• 通过各种“发现”服务（比如主题门户、机构和商业门户以及个人文献管理器等）集成本地和远程的信息资源，使得学生、老师或者研究人员能够从更广泛的内容提供者那里发现高质量的资源。

• 从资源的发现服务无缝链接至相应的资源传递服务。

• 通过网络学习环境（比如，支持从某一课程的阅读列表或者其他学习对象提供无缝且永久性链接到最适合的信息资源）整合信息资源和学习对象库。

• 提供到预印本库和其他管理着机构知识产出的系统的开放存取服务。

（三）参考模型及功能模型

JISC IE 参照 DLF 抽象服务框架标准，描述了从“发现”到“传递”服务的参考模型，[57]具体如图 2－5 所示。

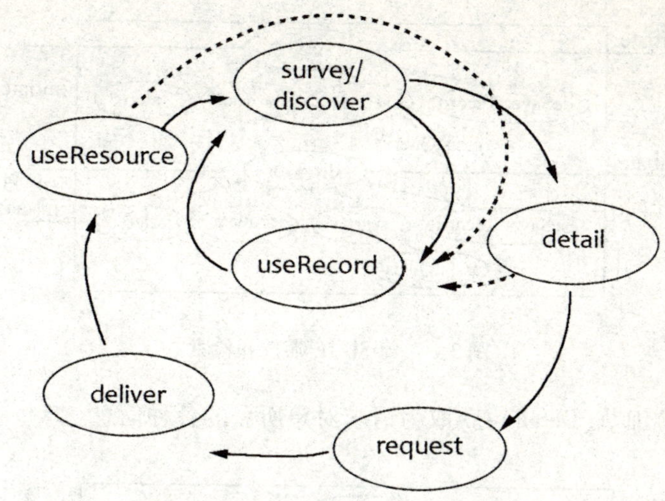

图2-5 JISC IE从“发现”到“传递”服务的参考模型

而此业务功能由若干业务流程组成,各自的名称与功能模型如下。

(1)进入(Enter):用户认证。

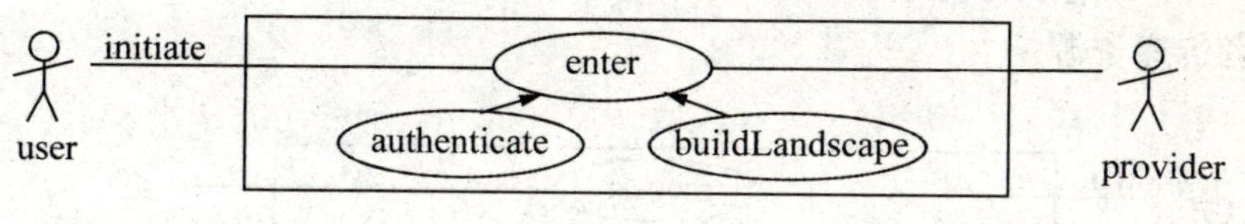

图2-6 JISC IE用户认证

(2)筛选和检索(Survey and Discovery):资源的筛选和细化检索。

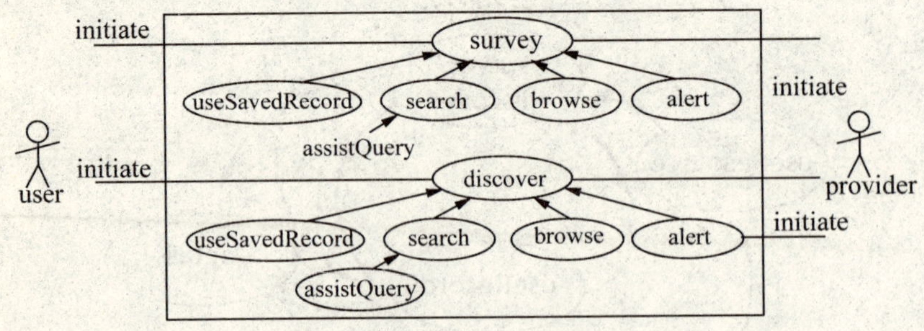

图 2-7　JISC IE 筛选和检索

(3)细节(Detail):获取为请求对象所需的各种信息。

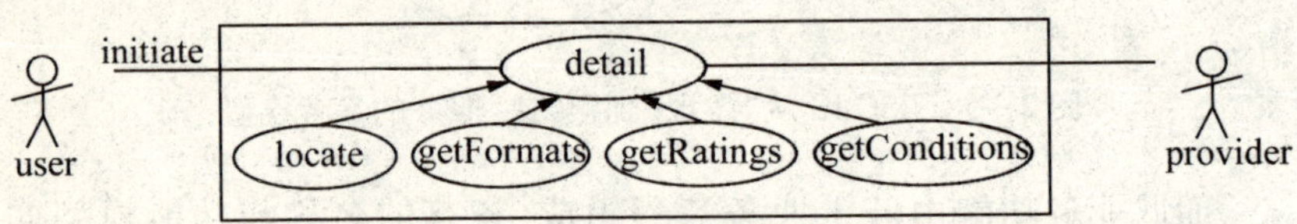

图 2-8　JISC IE 细节

(4)请求与传递(Request and Delivery):用户发出资源请求,提供者传递资源。

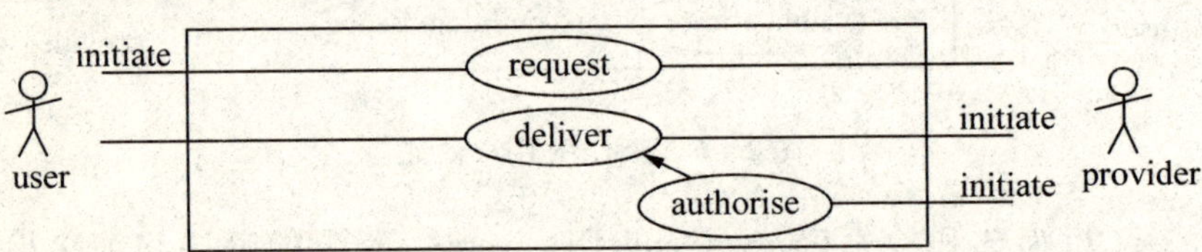

图 2-9　JISC IE 请求与传递

三、JISC e-Framework for Education and Research[58]

（一）概况

JISC 教育与研究数字框架（JISC e-Framework for Education and Research）是一个由 JISC 和澳大利亚教育、科学和培训部（DEST）发起的国际合作项目，目的是为教育和研究组织提供信息技术基础设施使用和相关投入方面的信息支持。e-Framework 计划主张采用以服务为导向的方法来推进核心基础设施技术互用性的发展和提升资金的使用效率。该计划的合作伙伴包括英国联合信息系统委员会（JISC）、澳大利亚教育就业和劳动关系部（DEEWR）、新西兰教育部和荷兰 SURF 基金会。

（二）概念界定及设计原则

（1）框架特点

e-Framework 设计有如下方面的特点：SOA、开放标准、多机构参与以及持续增长。

（2）概念界定

服务（Services）：服务于某一业务流程的行为（actions）的技术接口。描述了不同应用之间的接口。

服务类型（Service Genre）：用于描述某一抽象功能的相关行为的集合。

服务使用模型（Service Usage Model）：描述各应用软件的技术组件（服务）之间的关系模型。

服务表示（Service Expression）：通过具体的接口和标准来表示某一服务类型的特定方式。

（三）服务框架

（1）e-Framework 整体模型

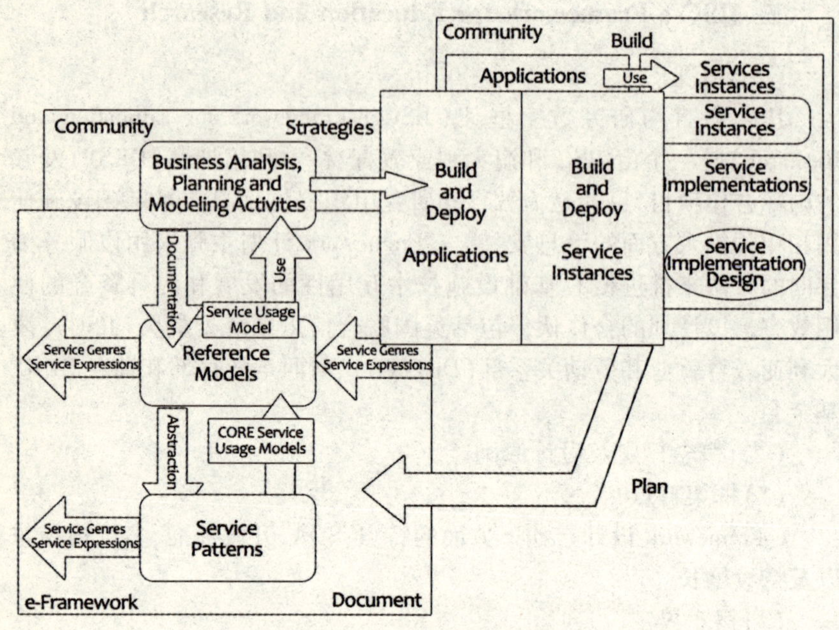

图 2-10　e-Framework 整体模型

(2) 技术框架分步解析示意图

• 框架的核心技术组件

主要包括:服务类、服务表达、标准描述和服务应用模型。

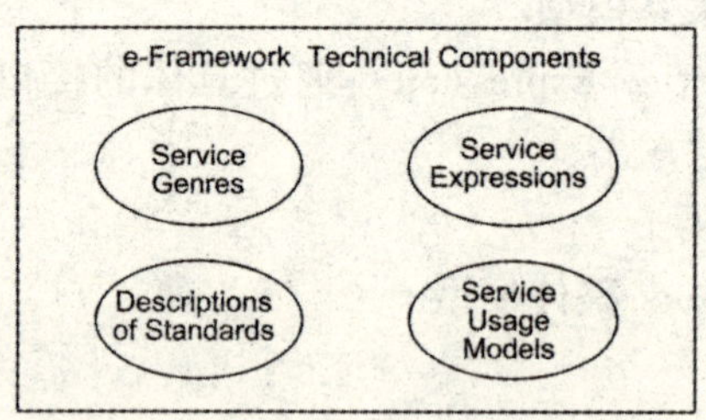

图 2-11　e-Framework 核心技术组件

• 模型内组件关系

描述的是服务类和服务表达与实际实施的服务有怎样的关联。服务类描述服务的行为并不涉及具体的技术；如果具体到某一技术，就通过服务表达来实现；而服务表达可以是由多个服务实施过程来体现的，一个服务实施过程又可以表现为多个服务实例。

通过标准来实现服务所使用的数据和信息的互操作。

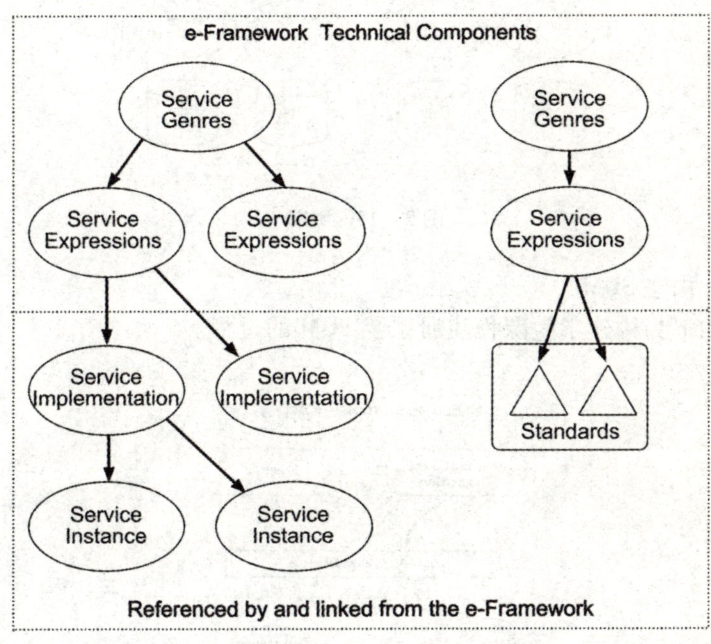

图 2-12　e-Framework 模型内组件关系

• SUM

SUM 可以由服务类来构成，也可以是由服务表达来实现，但不能同时包括两者。

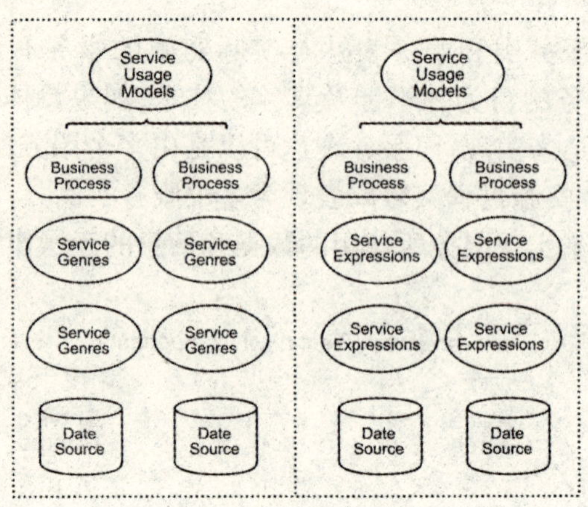

图 2 – 13　SUM

- 构建 SUM

如下为构建学生课程注册系统 SUM 的过程。

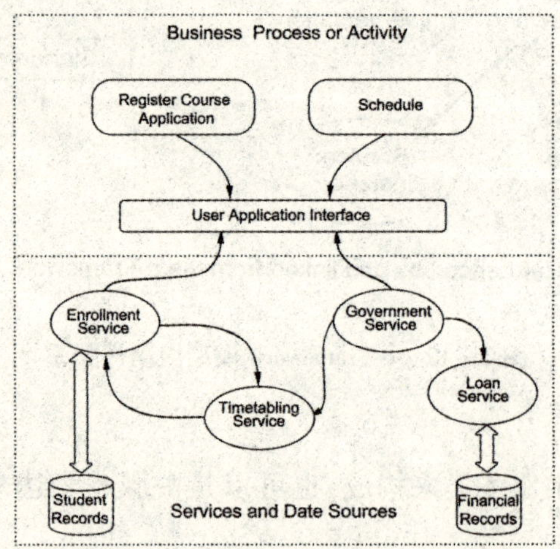

图 2 – 14　构建学生课程注册系统 SUM 的过程

• 机构相关

不同机构之间可以通过 e-Framework 进行经验交流，如下显示的即为一个比较经典的场景：

机构成员分析其业务流程，确认包括哪些功能，以及开发哪些应用；机构可以通过 e-Framework 登记系统来发现哪些组件是他们可以利用和借用的；机构将其服务集合以 SUM 的形式表示出来；SUM 将复用已有登记系统内的服务；SUM 可以为创建它的机构或其他机构所采纳/复用。

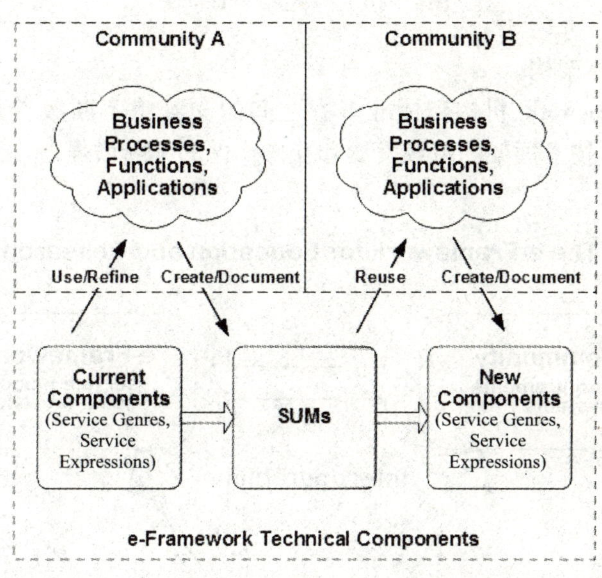

图 2－15　e-Framework 机构相关

• 构建 e-Framework

机构的参与将为 e-Framework 提供反馈，以提炼技术组件；还将促成不同机构间的连接。

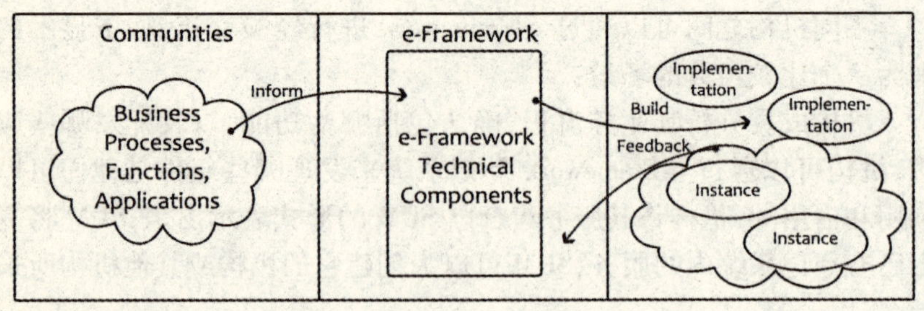

图 2－16　构建 e-Framework

• 整体架构

e-Framework、机构和标准多方之间的交互将不断改善着技术组件，并推动技术框架的持续发展和互操作性的不断增强。

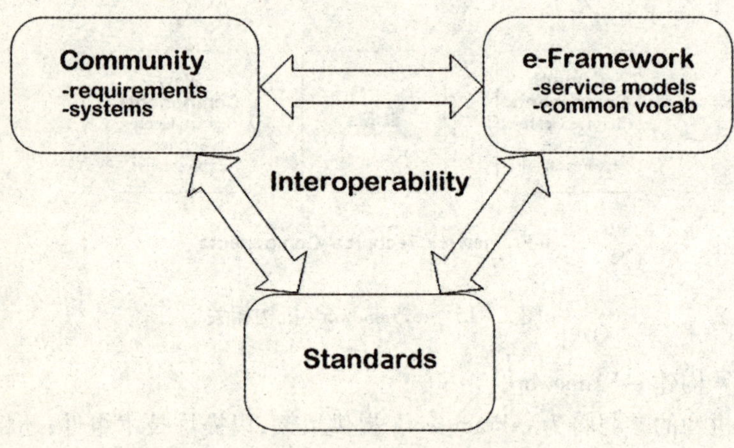

图 2－17　e-Framework 整体架构 1

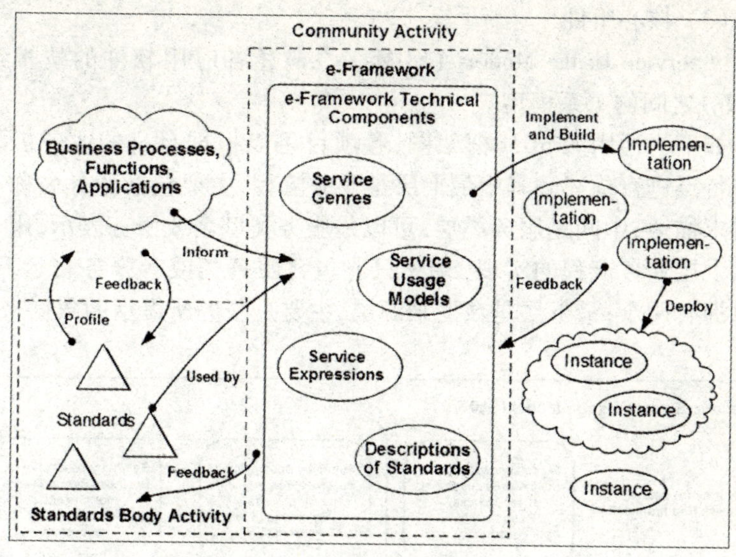

图 2－18　e-Framework 整体架构 2

● 标准在 e-Framework 的应用

标准主要规定了遵循的协议和框架。

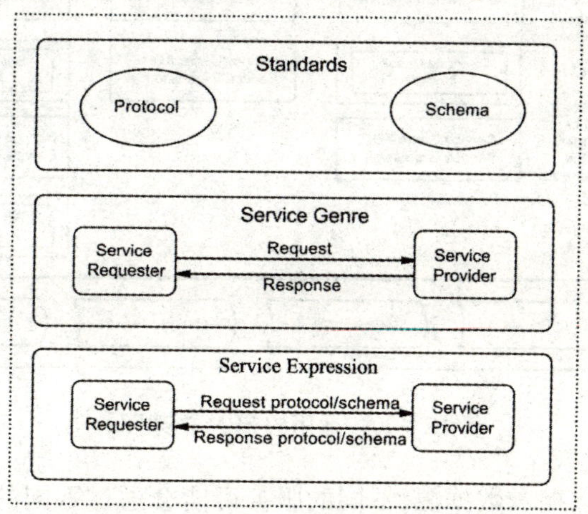

图 2－19　标准在 e-Framework 的应用

（3）核心组件

● Service Usage Models（SUMs）:[59] 描述各应用软件的技术组件（服务）之间的关系模型。

如下为通用的 SUM 框架图，各项目可以根据自身的业务需求和服务特点进行描述。其中最上层是业务流程，主要包括业务名称和业务需求描述；中间是服务类层，可以是服务类型名或服务表示，用于支持其上层业务流程的实现，SUM 只能包含服务类或者服务表示，不能同时拥有两个；最下层是数据来源层，主要是服务所揭示的数据来源。

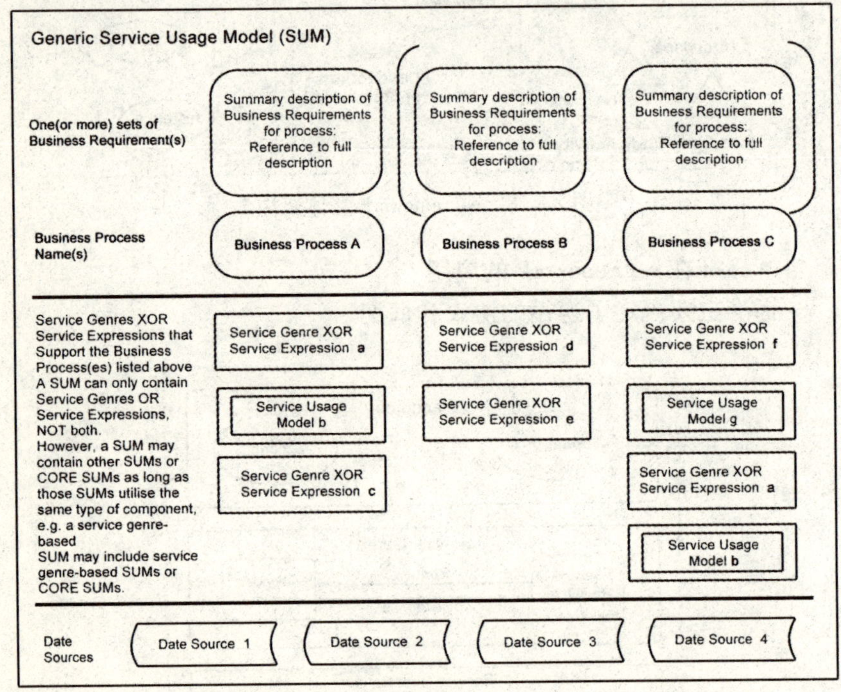

图 2－20　通用的 SUM 框架图

服务可以揭示数据源，不同的服务可能会通过不同的方式来揭示同一数据源，不同的业务要求可能被同一服务满足。

IESR(JISC IE 服务登记)SUM 示例如图 2 – 21。

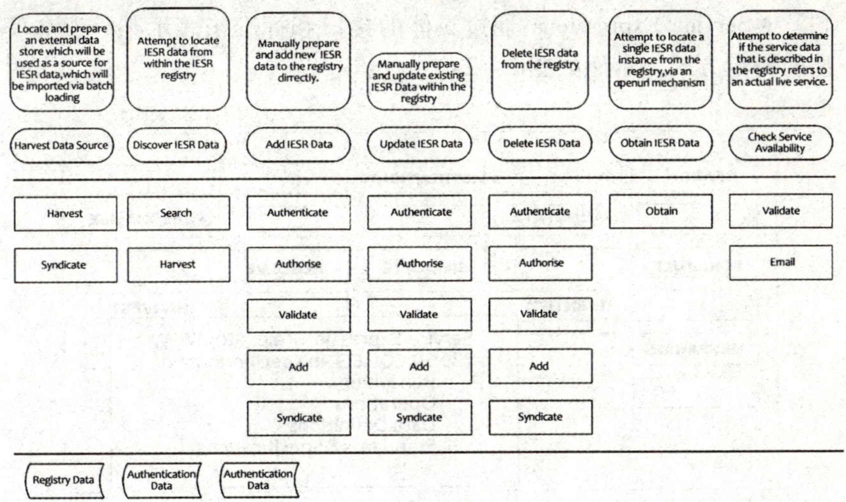

图 2 – 21　IESR(JISC IE 服务登记)SUM 示例

● Service Genres:用于描述某一抽象功能的相关行为的集合。详细说明参见:http://www. e-framework. org/Default. aspx? tabid = 987。示例如图 2 – 22。

Service Genre

SEARCH		AUTHENTICATE		
	ANNOTATE			PERSONALISE
SCHEDULE		SIMULATE	RESOLVE	
	IDENTIFY			HARVEST
MESSAGING		AUTHORISE	REGISTER	
				ALERT

图 2 – 22　服务种类

有关认证(Authenticate)这一服务类型的详细描述可参考:http://www.e-framework.org/Default.aspx?tabid=840。

• Service Expressions:通过具体的接口和标准来表示某一服务类型的特定方式。示例如图2-23。

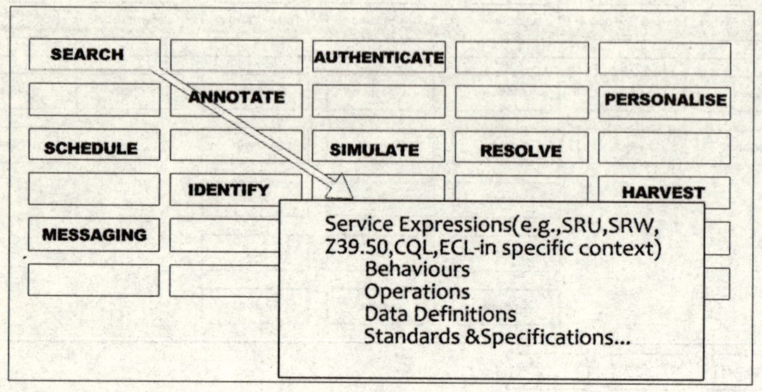

图2-23 服务表达

(四)应用

e-Framework 主要是针对学习和研究领域,也包括图书馆和管理性机构的需求,同时也出现了其他一些通用的 SUM 应用。具体来说,如下所示。

(1)研究类

• Research Journal SUM;
• ARCHER SUM;
• Australian National Grid SUM;
• MAMS National Grid SUM;
• Storage Resource Broker (SRB) SUM;
• gLite Data Management (EGEE) SUM。

(2)学习类

• R2Q2 SUM;

• SPAID SUM；

• ResponseProcessing SUM；

• CamTools Sakai SUM；

• Learning Object Repository Network（LORN）SUM，http://lorn.flexiblelearning.net.au；

• Flowtalk SUM。

（3）图书馆

• FRED Repository Federation SUM，http://fred.usq.edu.au；

• ASK SUM；

• USQ ePrints Repository SUM。

（4）管理类

• Student Transfer SUM；

• Early Notification SUM；

• Identity and Access Management SUM。

（5）一般类

• Australian MAMS SUM（Shibboleth）；

• FRED Authenticated Harvest SUM；

• OpenID SUM；

• MAMS OpenID Provider SUM；

• Persistent Identifier Linking Infrastructure（PILIN）SUM。

四、Fedora Service Framework

（一）概况

Fedora 是由 Cornell 大学和 Virginia 大学图书馆联合开发的一个开源软件，通过弹性的面向服务的体系结构，能够辅助机构管理和发布其数字资源，核心是一个强大的数字对象模型。[60]

Fedora 2.1 版推出了 Fedora 服务框架（Fedora Service Framework），其主要作用在于使各种新的服务集成于 Fedora 仓储内。该框架采用 SOA。Fedora 将自身的功能表示成 WS 接口集，所有的接口都属于 Fedora 网络应用。

（二）工作原理

Fedora 服务框架允许基于核心仓储建立新的服务，[61]将新服务作为独立的 Web 应用来运行。同时，Fedora 仓储功能仍然可以扩展到新的模块中，使得基于仓储的服务能够集中于仓储的核心功能，比如：细化的采集服务、工作流服务、保存服务等。

作为框架组成的服务将被打包成 Fedora 开源软件的一部分，并将与核心的 Fedora 仓储服务保持一致。Fedora 的成员们可以合作开发这些服务，再将其集成到 Fedora 项目中。Fedora 提供一些指南，以指导后续开发者如何设计出服务才能更好地嵌套入服务框架，同时，新服务的开发者可以仿照 Directory Ingest 和 OAI 提供者服务的风格来进行设计。

Fedora 服务框架支持许多种服务：仓储服务、专题采集服务、工作流服务、保存服务等。[62]服务框架有两方面的好处：首先，支持新的功能以原子的模块化服务加入进来，这些服务能与 Fedora 仓储交互，但不是其组成部分；其次，它使新服务的联合开发更加容易实现，因为每种服务都可以独立开发然后插入框架内。

（三）服务框架

Fedora 服务框架于 2005 年提出，图 2－24 所示即为其示意图。[63]斜体字部分为最早引入 Fedora 的两个服务：OAI 提供者（OAI Provider）和目录采集服务（Directory Ingest Service）。此外，还有其他一些服务进入了该框架，比如 Fedora 检索（Search）、工作流（Workflow）、保存完整性（Preservation Integrity Service）、保存监控和提醒（Preservation Monitoring and Alerting Services）、事件提示（Event Notification Service）、永久标识符解析（Persistent Identifier Resolution Service）和 ORE 访问点服务等。

Fedora 仓储服务是整体服务框架的核心服务，在图 2－24 中处于所有服务的中心，图 2－25 为 Fedora 仓储服务的详细图示，展示了其所有的内部模块以及仓储接口。

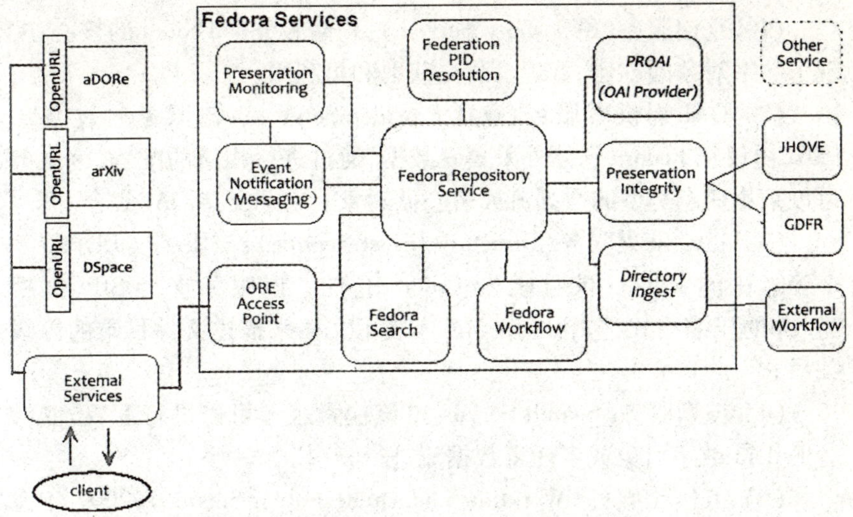

图 2－24　Fedora 服务框架

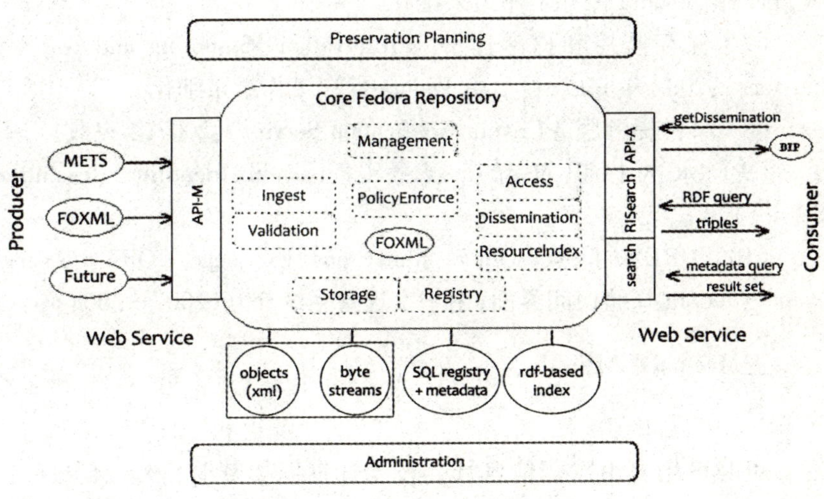

图 2－25　Fedora 仓储服务的详细图

(四)各服务介绍及进展

(1) 仓储服务(Repository Service):仓储服务是 Fedora 的核心,实现了数字对象的创建、管理、保存、获取和再利用。

(2) OAI 提供者服务(OAI Provider Service):该服务通过 OAI-PMH 协议从 Fedora 仓储外采集元数据,通过进行相应的配置,该服务可以采集任意类型的数据流或者仓储对象。它还支持 OAI 集合。

(3) 目录采集服务(Directory Ingest Service):该服务实现了将一个等级化的文件目录吸收入 Fedora 仓储。该服务支持 SIP,文档为.zip的压缩格式,包含一个 METS 表示文档来描述文件目录的等级关系。

(4) 搜索服务(Search Service):该检索服务可以进行配置,能够对 Fedora 数字对象或者任意数据流进行索引。

(5) 工作流服务(Workflow and Orchestration Service):2007 年完成,目前由 Fedora 工作流工作组和 Fedora 开发团队来细化。

(6) 保存完整性服务(Preservation Integrity Service):2007 年完成,目前由 Fedora 保存工作组来细化。

(7) 保存监控和提醒服务(Preservation Monitoring and Alerting Services):2007 年完成,目前由 Fedora 保存工作组来细化。

(8) 事件提醒服务(Event Notification Service):2007 年完成。

(9) 永久标识符解析服务(Persistent Identifier Resolution Service)。

(10) ORE 访问点[Object Reuse and Exchange (ORE) Access Point]:Fedora 仓储访问界面,用于实现跨系统交互(2007—2008 年)。

五、DelosDLMS

(一)项目概述

DELOS 项目由欧盟信息社会技术计划框架赞助,2004 年 1 月启动,为期 4 年(1 年 1 期),共有 55 个成员。DELOS 通过联合欧洲从事下一代数字图书馆技术开发的主要研究团队,合作开发数字图书馆通用技术并进行整合，在共建数字图书馆系统的理念指引下，各研究小组开发各类相关技术和系统，最终将各组研发的成果进行整合，形成一个通用的数字图书馆管理原型系统。

（二）相关定义及目标

DELOS 项目的主要目标如下：[64]

• 定义基于数字图书馆信息生命周期的基础而全面的理论。

• 建立互操作的多模型/多语种服务和整合内容管理，范围从全球的个人一般用户到专家学者；将一般性数字图书馆技术进行联合，发展成为工业级强度的数字图书馆管理系统（DLMSs），通过可信赖且可拓展的服务提供高级功能。

DELOS 数字图书馆参考模型将数字图书馆领域划分为一个 3 层的框架，分别是：数字图书馆（Digital Library，简称 DL）、数字图书馆系统（Digital Library System，简称 DLS）和数字图书馆管理系统（Digital Library Management System，简称 DLMS）。3 个概念分别涉及数字图书馆范畴的 3 个不同层次。[65]

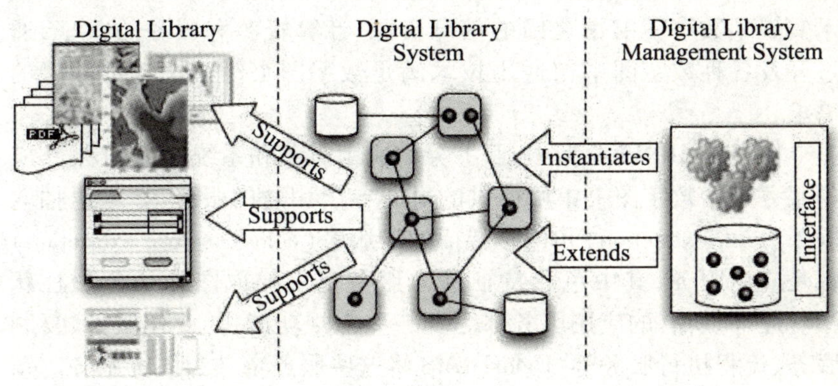

图 2－26　DL、DLS、DLMS 三层框架

数字图书馆（DL）：一种组织，可能是虚拟的，是对长期的、丰富的数字内容的全面搜集、管理和保存，并向其用户群体提供基于该内容

之上的专业化的功能，具备可测量的质量，并遵守一定的政策。

数字图书馆系统（DLS）：建立在已定义架构（可能是分布式的）基础之上的一种软件系统，向一个特定的数字图书馆提供所有的功能。用户通过相应的数字图书馆系统与数字图书馆互动。

数字图书馆管理系统（DLMS）：是一种提供适合的软件架构的一般性软件系统。它可以：①生产和管理一个数字图书馆系统，该系统实现一整套视为数字图书馆基础的功能；②整合外部软件，提供更加精确的、专业化或高级的服务。

（三）服务框架

DELOS 项目组在 Schuler 等学者 2006 年的研究成果 OSIRIS（Open Service Infrastructure for Reliable and Integrated process Support，面向可靠集成流程的开放服务基础架构）系统之上，整合各研究小组已开发的技术，形成 DelosDLMS 原型。DelosDLMS 的原理是支持对复杂数字图书馆应用的快速简易的发展及灵活弹性的管理，建立在 SOA 架构的管理系统及丰富、可拓展的专业化数字图书馆服务和接口之上。[66] DelosDLMS 在整体构架上通过运用网格计算、P2P 和 SOA 等技术实现了数字图书馆之间的信息资源、计算资源和服务的共享，通过开发各种数字图书馆通用技术满足数字图书馆系统基本功能的需求。

在 DelosDLMS 原型中，服务分为应用服务和系统服务两种。[67] 应用服务是指数字图书馆所提供的具有专门用途的服务，如术语抽取服务（term extraction）和色彩特征抽取服务（colour feature extraction）都是应用服务，其中色彩特征抽取服务负责提取图片的色彩柱状图。此外，所有的应用服务都需要一些常规功能，如存储服务、复制服务、流程执行服务等，DelosDLMS 将这些服务定义为系统服务。系统服务又可细分为两种，一种是全局系统服务，如核心 OSIRIS 服务，包括流程管理、服务登记管理、负载管理等；另一种系统服务是在 OSIRIS 本地层运行，主要实现流程监控和路由管理的功能，称为本地系统服务。

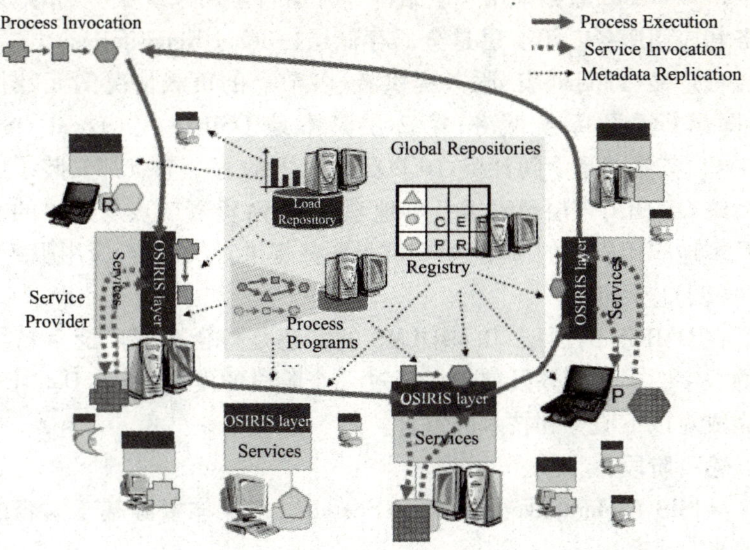

图 2－27　OSIRIS P2P 过程执行概览

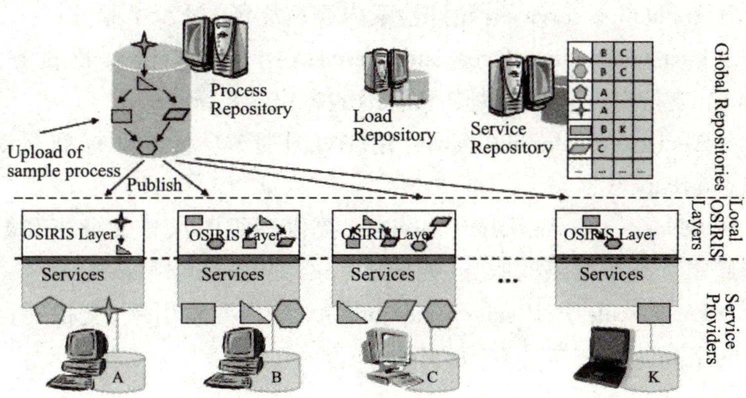

图 2－28　OSIRIS 架构

DelosDLMS 原型采用 3 层结构分开运行全局系统服务、本地系统服务和应用服务。第 1 层是全局存储层(Global Repositories),主要负责流程定义、订阅列表、服务提供者、各节点的负载情况的元数据管理,即运行全局系统服务;第 2 层是本地 OSIRIS 层(Local OSIRIS Layers),其实就是中间件层,DELOS 网络上的每个节点都安装了中间件系统 OSIRIS,该层负责运行本地系统服务,负责节点与外界的交流以及本地应用服务的调用;第 3 层是服务提供者层,运行应用服务。

(四)应用情况

在 OSIRIS 的顶层,DelosDLMS 的特色是整合范围广泛且持续增长的数字图书馆服务及前端。通过几个阶段的发展,目前 DelosDLMS 已完成对以下服务和技术的整合。

第一阶段:

• ISIS (Interactive SImilarity Search):多媒体资源基于内容的检索服务;

• Feature-extraction services:对音频、3D、视频等资源基于内容的检索;

• Annotation services:允许检索内容被注释的 FAST 服务;

• User-centric interfaces and services:用户中心接口及服务,如 Daffodil,支持对复合馆藏浏览和管理的客户端系统;

• Alternative user interfaces:允许对图书馆功能的非标准互动的接口,如 iPaper;

• Advanced visualization services:提供高级图像方式分析和处理查询结果和整个馆藏的服务,如 SOM(Self Organizing Map);

• Large-scale P2P search capabilities:P2P 搜索引擎,支持对巨大 P2P 网络高效的文本检索,如 Minerva。

第二阶段:

• MedioVis:可视信息检索系统;

• DARE:可视化用户接口;

• CoCoMA:对语义多媒体注释和索引的表达和管理;

• OntoNL:知识库的自然语言接口;
• STAR SKOS Services:提供 SKOS 核心词表的 SOAP 网络服务;
• MINERVA:完全操作性 P2P 搜索引擎。

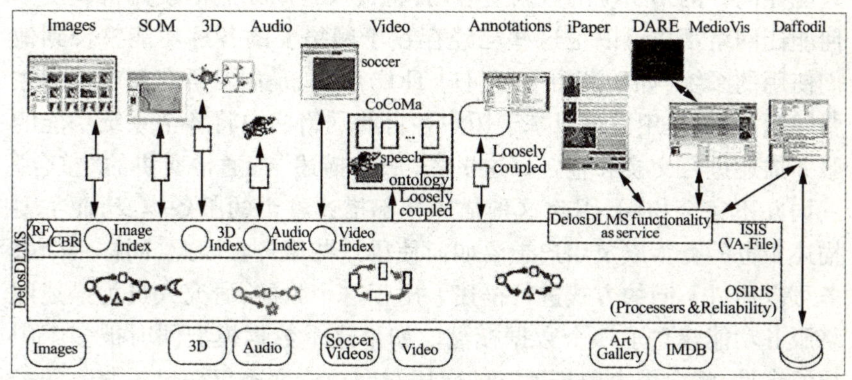

图 2－29　DelosDLMS 概览

(五)项目评价

DelosDLMS 是下一代数字图书馆管理系统原型,整合了一系列 DELOS 项目成员的数字图书馆技术与服务,这种整合在现有的任何系统中是尚不多见的。经过第一阶段和第二阶段的整合,未来的发展方向是进一步拓展 OSIRIS 中间件和个性化服务,最终通过手机终端向用户提供 DelosDLMS 的使用和服务。

六、欧洲图书馆推荐服务框架

(一)项目概述

该推荐服务框架由荷兰国家图书馆的 Theo van Veen 和 Michel Koppelaar、澳大利亚国家图书馆的 Georg Petz、澳大利亚研究中心的 Christian Sadilek 在 2009 年 D-Lib Magazine 的一篇论文 *Sharing Functionality on the Web: A Proposed Services Infrastructure for The European Library* 中提出。[68]

目前在网络上已经存在大量丰富的服务功能，但通常都隐藏在网站之中。当用户需要使用这些功能时，他们可能想要将这些功能应用到用户自己的数据或其他外部网站的数据中去。如果该网站的功能只能在同一网站系统的数据上应用，将极大地限制它的使用范围。如何能让网络用户可以把这些已经存在于网络上的各种功能整合到他们使用的系统（如欧洲图书馆门户 TEL）中去，是需要研究和解决的主要问题，目标是用户可以基于用户各自的网络门户将各个系统功能的服务描述进行交换和整合。这里的“服务描述”与通常所讲的“整合”一词并不完全相同，因为这种描述并不描述整个的服务本身，而主要描述服务的行为以及用户想要如何使用这些服务。因此，同样一个服务可以通过不同的方式进行描述。出于这个目的，研究人员为描述网络服务功能建立了一个数据模型。如果这个数据模型同时被多个门户所支持，将会极大地拓展它的应用空间。论文不仅探讨了服务的描述，还通过一个验证门户（TELPLUS）进行了论证。

通过 TEL 门户进行的网络服务整合与 Web 2.0 的 Mashup 概念是不同的，尽管两者的目的都是整合网络服务，但 Mashup 是将不同来源的内容联合至一个新的整合网络服务，而在 TEL 中的网络服务整合允许用户在其他外部服务中使用服务内容。这些外部服务独立于 TEL 存在，同时不受 TEL 服务内容的约束。

（二）相关定义及目标

服务的定义：在当前，服务是指通过 HTTP 提供的一切。可能是 HTTP GET 或 HTTP POST，在其之上可以有或者没有更高层的协议。输出物可以是很多东西，例如 HTML、一个图像、XML、JSON 等。这里所讨论的网络服务无需使用 SOAP。例如，普通的 HTML Google 检索可以认为是一个服务。但如果有些没有通过 HTTP 提供的，网络用户将认为其不存在。

许多人直接将网络服务与 SOAP 相连。SOAP 相对 REpresentational State Transfer（REST）服务来说有着更高的障碍，而且有时 SOAP 在没有增加功能的情况下增加了复杂性。这里在讨论服务描述时并未将 SOAP 作为一个必备的要求。

服务可以通过不同方式使用。最简单的方式是仅仅用合适的参数连接服务并显示结果。另一种使用方式是读取服务的输出并抽取相关的数据,然后结合抽取的数据进行一些操作。在这种方式下,数据可以整合到网络应用中去。

如果所有的事务都遵守一个统一的标准协议将会非常美好。然而,同时存在许多目的不同的标准协议(如 SRU、OAI 等),同时,网络上存在大量功能并不遵守特定的标准。这里所倡议的方式,是按照事物本来的方式进行组织,而不是按照我们希望它们成为的方式。这会导致一套规则系统,也许并不符合一些系统设计者设想的前景,但是对用户来说却十分有用。这是一种创建和共享网络应用的全新方式,将会产生新的标准和新的业务模型。

在使用的方法中,一个很重要的方面是降低使用或获取已有网络功能的障碍,使没有特殊技能的用户和程序员一样容易地发现、创造、使用、改变、交换和修改服务描述。在服务描述时添加一个额外的字段应当是十分容易的,虽然这并不是标准数据模型的一部分,但目的是增加某些现在无法预见的功能。同时,服务描述应当不需要网络浏览器之外的任何软件。

一些重要的网络信息服务提供商,如 Google、Amazon、Flickr 等,持续地将其服务通过良好定义的 APIs、XML 或 JSON 格式提供。尽管这对开发者来说在网络应用中整合这些服务变得更加容易,但这些服务需要被硬编码,因为他们不遵从一个标准协议,同时需要一些关于语义如何被使用的特定的知识。使用一种标准的描述模型将同时会有助于创造一种标准的协议:当服务描述制定一个名称的变量某种特定的含义,可能会促进该名称变量在未来的网络应用中标准化。

(三)服务框架

服务描述向用户提供可以检索、发现和选择某项服务的数据,并且使得服务应用(如门户)可以选择和发起某项服务,同时以某种合适的方式使用输出物。服务描述模型并不是用以描述服务是什么,而是使用一种独立的外部模型通过不同的观点描述服务，如：服务提供者的观点、服务整合者、用户以及其他。作为结果，对同一服务可能有多种不同的服务描述，但是它们都遵从同一个模型，因此可以在不同对象之间交换。

目前已经有多个服务描述模型，如 WSDL 2.0、WADL、IESR 等。同样还有很多服务注册登记系统，如 ADDI、IESR 等。WSDL 2.0 和 WADL 描述更多地侧重语法上如何触发一个服务，而不是服务何时被触发以及如何运用输出物。IESR 模型更加接近实际需要，但是它把实际服务与服务之后的数据割裂开。

与其拓展以上已有的模型，不如建立一个适应特定目标的新的模型来得更加便利。同时也避免了混淆和依赖。然而，TELplus 服务描述可能与其他服务描述有一定的联系，如包含 WSDL 文件。这可以使高级门户在一些附加描述的基础之上提供更多的功能。在某些情况下，服务可能提供它们自己的描述，如 SRU 中的“explain response”。门户可以在 TELplus 服务描述之外使用“explain response”。

同时为了不受已有服务注册系统的限制，普遍认为用户应当可以通过已经存在的搜索引擎（如 Google）或任何搜索协议（如 SRU）来发现和获取服务描述，无论它们是否包含在一个“官方”的系统中、一个数据库中、一个简单的网页或一个任意的服务中。图 2-30 给出了服务描述可能的流程。终点始终是服务整合者或门户提供者是用户和服务之间的纽带。

数据模型使用都柏林核心集 DCMI 作为起始点。用来进行服务描述的 DC 字段包括：“dc:title”（必备）、“dc:format”（输出物的模拟类型），“dc:type”（在此处即为“服务”），“dc:language”（用户界面的语言），“dc:description”（必备）和“dc:identifier”。

以下是 Google 图片的一个简单的服务描述：

〈sd:service〉

〈dc:title〉Google images〈/dc:title〉

〈dc:identifier〉http://images.google.com/images?svnum=10&hl=

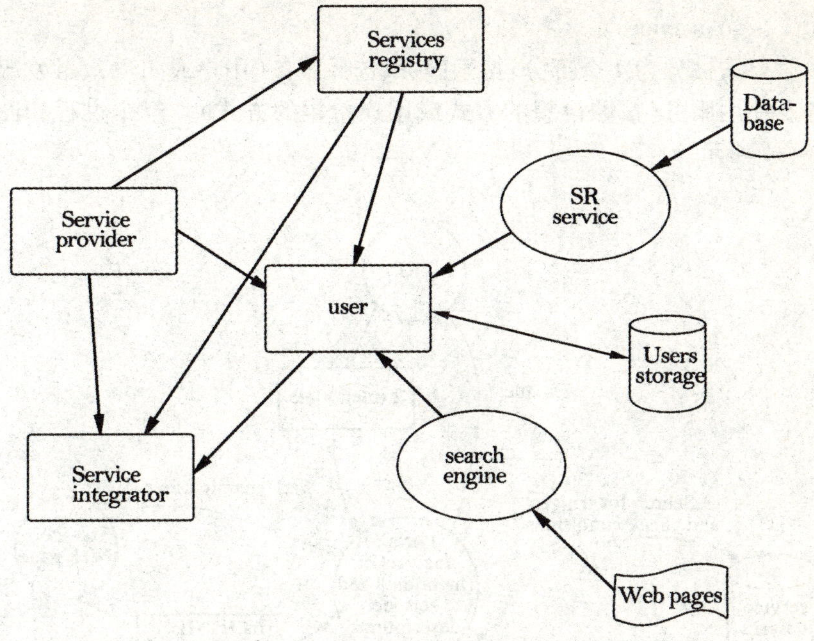

图 2-30　服务描述可能的数据流程

en&btnG = Search&

〈/dc:identifier〉

〈dc:type〉service〈/dc:type〉

〈sd:serviceType〉Info〈/sd:serviceType〉

〈sd:serviceLabel〉Search pictures of the creator in Google〈/sd:serviceLabel〉

〈sd:triggers〉

〈sd:trigger〉creator〈/sd:trigger〉

〈/sd:triggers〉

〈sd:inputParameter〉q〈/sd:inputParameter〉

〈dc:format〉HTML〈/dc:format〉

〈sd:accessType〉GET〈/sd:accessType〉

〈sd:invocation〉option〈/sd:invocation〉

〈/sd:service〉

要素被分为4个部分:搜索服务、选择服务(用户或门户)、触发服务及使用服务(按照设想的方式或用户希望的方式)。整个过程如图2-31所示。

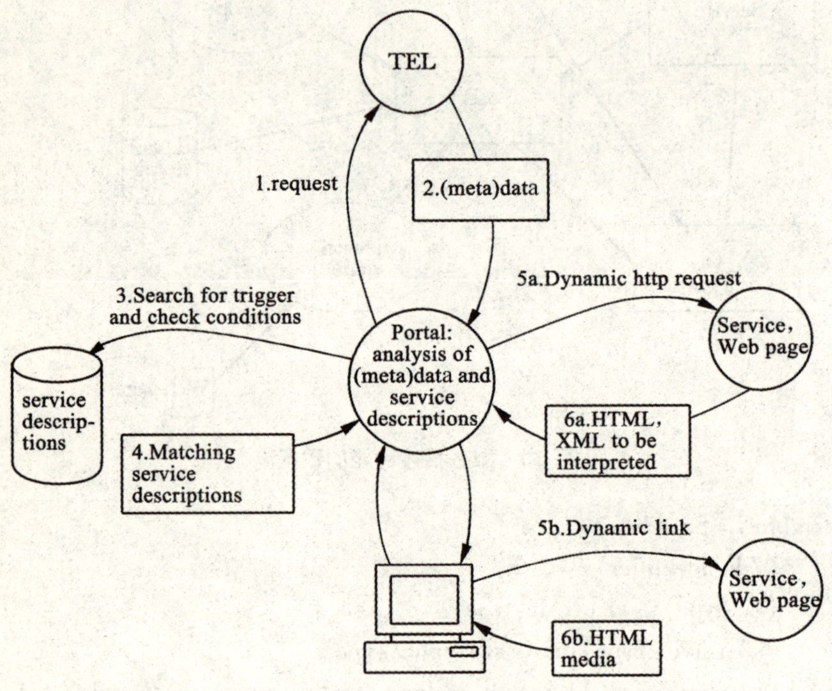

图2-31　数据流概览,服务描述的使用及服务获取

每个动作都编号,对TEL内容的检索是起始点。

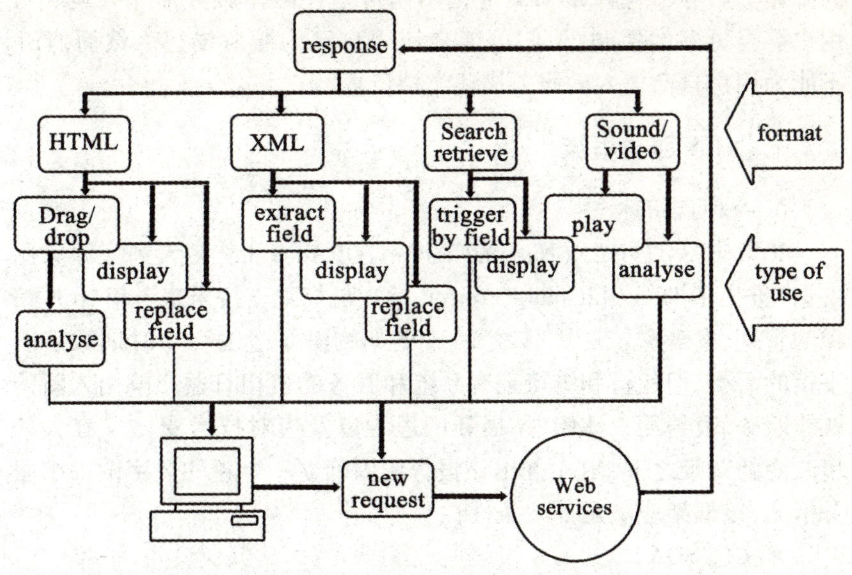

图 2－32　服务使用简单示意图

在实际使用服务中，门户需要知道在“dc:format”字段定义过的输出物的类型（如图像、HTML、XML 等），同时需要一些额外的字段，如定义服务是否自动触发或由用户触发（缺省），输出物的哪些部分是相关的（fieldSpec）以及这些输出物如何被使用。

（四）应用情况

欧洲数字图书馆网站（http://dev.theeuropeanlibrary.org/tpportal）提供了一个验证门户。

（五）项目评价

该服务描述方法可能是非常有前景的，但也存在一些重大的问题。首先，提供一个门户，在该网站整合外部网站的输出物可能会引起一些法律问题。也许可以通过便利服务提供者说明其服务如何被使用来解决（如设置 logo 等）。这个问题有待进一步解决。

另一个问题是需要确定服务以及相应的服务描述都来自可信任

的团体。服务整合者如TEL应当给出可信任团体服务描述列表。当用户需要更多的控制,他们可能会使用自己的服务描述。然而,TEL不能为用户自己放入的服务描述文档负责。

七、NLA服务框架

(一)项目概述

2007年3月,NLA(National Library Of Australia,澳大利亚国家图书馆)推出了IT Architecture Project,旨在更好地支持未来3年NLA馆藏的管理、发现和传递。[69]传统NLA的架构满足过去一个时期数字图书馆的需要,但运行和维持现有系统和服务的负担日益影响引入新的在线服务、改善用户体验、拓展新的思维以及应对技术变化。[70]在大环境改变的背景之下,NLA推出该报告用以确立一个新的数字图书馆服务框架,该框架应满足如下条件:

- 实施SOA;
- 采取单业务方法(a single-business approach);
- 考虑开源解决方案(当该方案具备功能及足够茁壮)。

通过SOA增加系统的效率有望通过一个全面的服务框架实现,这个服务框架可以使业务所有者、发展者协同工作,共同创造一个可持续、可拓展、适应性的系统。

NLA IT Architecture小组的报告中指出,图书馆在发展数字图书馆服务过程中有向面向服务架构(SOA)转移的趋向。NLA给出了一个服务框架(Service Framework)草案以支持和引导这种方式。框架的第一版(Version 0.1)发布于2007年10月31日,提出了业务流程整合任务书。截至2009年3月,最后一版(Version 0.91)发布于2008年11月24日,文档反映了对当前图书馆职员进行咨询的结果以及对当前各服务流派电子框架的整合,是对上一版的微调与补充。

(二)相关定义及目标

服务框架趋向于对图书馆服务进行大的类目描述。它列出60个业务流程,并将其归入7个服务组。对每个业务流程提供了定义、服务使用模型（SUM）以及相关的协议和示意图。在 e-Framework 及数字图书馆联盟的 Draft recommendation 中提供了相关服务的定义。对于每一种服务，文档同时提供了一些 NLA 特定信息，以描述图书馆已有的相关系统，或对计划中的服务发展实施的情况说明。

电子框架服务类型注册目前正在重构。草案中的框架图目前正在由电子框架整合小组（eFIG）进行考量。流程图由 Judith Pearce 主导，经证明是流程重构测试的有效方式，同时已经产生了几种新的服务类型。

这是一个工作文档，新的业务流程随时可能增加，已有的业务流程也可能更名，分离和融合都是为了给正在发展中的图书馆服务提供一个路线图。随着时间的推移，文档将发展成一套核心服务类型，是电子框架的等价映射，整套的 SUM 将这些服务类型发展成完好定义的服务表达，整套的工作流以 BPMN 范式表达。

（三）服务框架

NLA 将发展其服务作为一个独立的业务。框架图是对一个总括性服务框架的范式表达，将会通过面向服务方式进行发展。

NLA 服务框架文档的目的是罗列出有多少范式中列出的业务流程目前 NLA 已经支持，并为向一个基于标准协议、更加整合的技术框架移植确定策略，这样的做法无论对图书馆还是其读者都大有裨益，并且已经过验证。

文档中的服务通过两种方式进行定义：作为一个系统向终端用户提供一种或多种功能价值（来源：ISO 2146 Information and Documentation—Registry services for libraries and related organizations）；作为一个支持业务流程（来源：e-Framework）部件（actions）的技术接口。两个定义都跟服务框架有关。业务管理员应当从业务流程更广阔的层次去思考服务，而业务分析员和发展者将从一个较狭义的层面思考服务，将其看做客户端应用和服务器之间的交替，需要支持一个给定的工作流程。因为业务流程被分割成多个不连续的任务，这些技术接口可以被识别，其性能可以记录。

e-Framework(http://www.e-framework.org)是一个倡导通过面向对象方式便利技术互操作的国际先导计划。它是一种元模型(meta-model),通过服务映射流程能够在不同界限范围间进行有益的对话和合作。e-Framework 有一个对抽象能力或服务方式的注册机制,例如可以通过 SUMs 进行关联的认证、授权、日志、收获和检索等。NLA 服务框架可以视为图书馆一个单独的 SUM 或一整套各离散领域功能的 SUMs。

当一个服务类别在实现中被部署,它需要为服务请求和服务应答使用一个通用的协议,并且依照通用的数据模式(data schema)交换业务对象。e-Framework 将其称作服务表达(service expressions)。文档并不涉及服务表达,但是对每项涉及服务类型的候选协议和数据模式进行了确定。

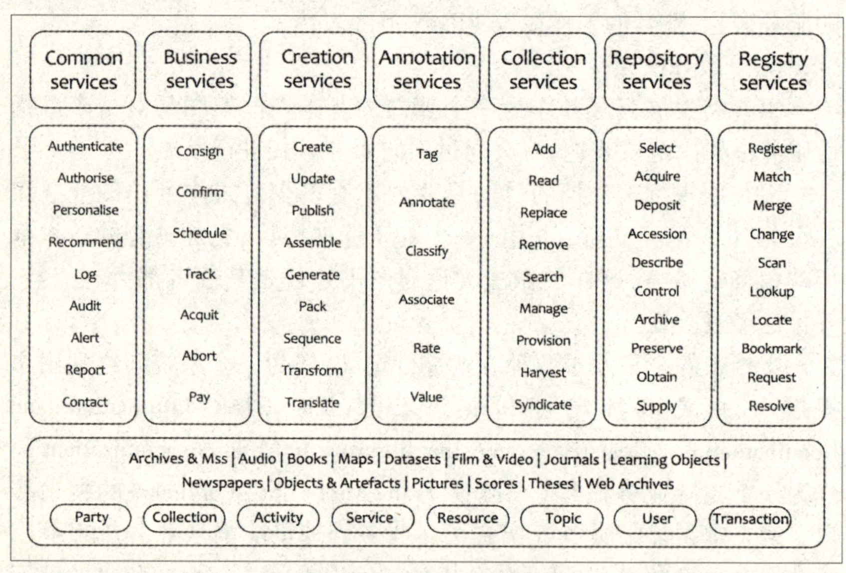

图 2-33　NLA 服务框架

这只是一个工作文档,新的业务流程随时可能增加,已经存在的也可能随时更名、分解或融合,以为当前图书馆服务的发展提供一个更好的路线图。随着时间的推移,文档将发展成一套核心服务类型,是电子框架的等价映射,整套的 SUM 将这些服务类型发展成完好定义的服务表达,整套的工作流以 BPMN 范式表达。

(四)应用情况

注册表(registry)在 ISO DIS 2146 被定义为一个对支撑给定社区业务的注册对象的集合。注册对象可能是一个人、馆藏、活动或者服务。图 2 - 34 由 ISO DIS 2146 提出,为发展馆藏服务注册附加提供一个指南。它展现了框架里面定义的功能之间的关系,以及标准中定义的 4 种不同类型的馆藏——馆藏(或 collective works)、仓储库、目录或索引、注册表。

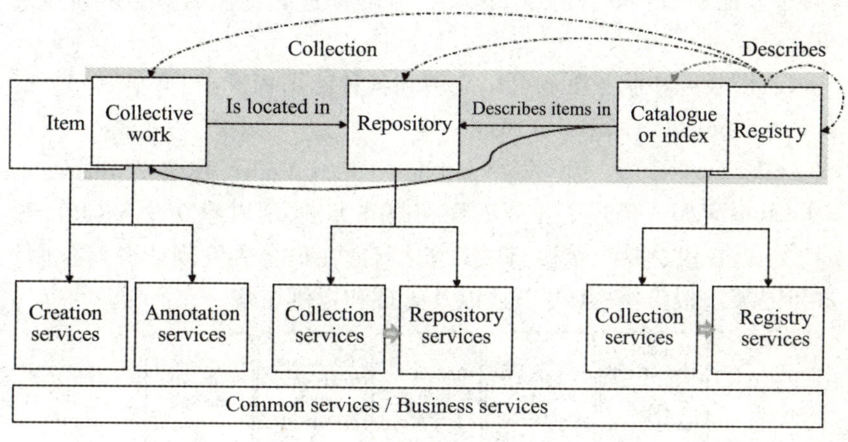

图 2 - 34　馆藏服务注册

馆藏(出版或者未出版的,实体或电子的)位于由搜集机构(图书馆、博物馆、档案馆,研究机构和数据文档中心)所有和管理的仓储库中。

仓储库和馆藏中的内容由目录或索引来描述。注册表可以描述馆藏、仓储库、目录或索引。注册表本身也是一种馆藏,也可以在更高一级的注册表中被描述。类似地,目录和索引也跟注册表类似,相应的是注册的资源和主题。

需要在馆藏服务注册表中被描述的功能和协议取决于馆藏类型：

• 创造者使用内容服务，用以创建、提交、出版和注释内容，并且创建使用各种技术的新内容。

• 仓储库管理者使用馆藏服务，与仓储库特定服务相关，通过收获或缴存方式，对仓储库的内容进行选择、识别、获取，以及摘要、控制和保存。同时向通过认证的用户提供内容。可能涉及向用户生产或外借尚未在互联网上提供的内容，或者如果不能立即获取，将进行等候处理。

• 目录或索引、注册表使用内容服务管理员，与注册表特定服务相关，如注册或收获元数据，以支持仓储库或其他注册对象的发现和获取。

通用服务和业务服务可以应用到各种使用场景：

• Shareable Collection SUM

e-Framework 定义了 Core Service Usage Model，称之为 Shareable Collection SUM。描述了业务流程和服务类别，用以建立业务对象（添加、读取、替代、移除、转换、日志）的集合，在集合中发现业务对象（检索和记录），报告使用（报告），以及管理和提供馆藏。

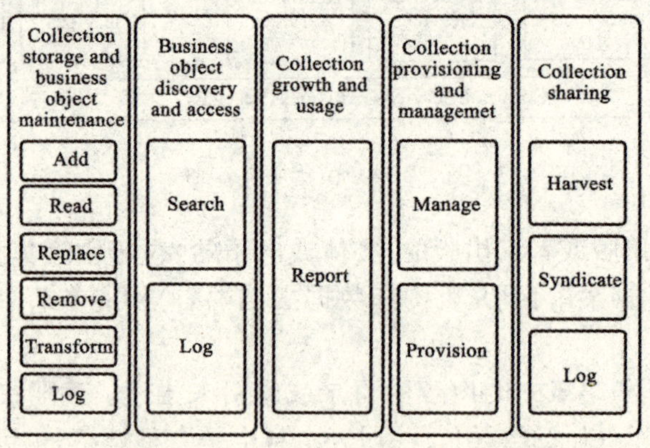

图 2－35　Shareable Collection SUM

图2－35显示了 e-Framework 为馆藏提供扩展到包含了业务流程的 Searchable Collection SUM。

- Information model

NLA 服务框架图确定的业务对象通过两个路线(rows)来支持框架图中定义的功能：

第一条路线是确认图书馆感兴趣的内容对象，一方面是因为这是图书馆馆藏的一部分(或候补)，或因为他们被选中包含在合作仓储库(partner repositories)中，或因为他们对澳大利亚社团来说是有益的。内容对象包括：档案和手稿、物品和艺术品、图片、乐谱、论文和网络存档等。

第二条路线是确认需要注册以支持服务框架中定义的功能的业务对象。这些注册对象及其相关信息模型罗列如下。对于每种功能相应的协议和数据模式也在其服务框架中给出。

根据服务框架图中罗列的服务等级，每个功能通过以下方式进行描述：

- e-framework：连接至 e-framework 中相关的服务类别，无论该服务已经存在或被遗漏；
- DLF：连接至 DLF ILS and Discovery Systems Draft Recommendations(15 February 2008)相应的 API；
- 定义：在 e-framework 已有定义的基础之上定义功能，在有必要的情况下进行限定以反映图书馆单个业务方向的特定方面；
- 服务：确定需要由功能(如授权)来支持的技术接口以及用来交换或执行功能的接口对象；
- 协议：列出已有的、作为执行功能和模式的候选协议，用来打包内容和数据；
- 数据：用来支持执行功能；
- 系统：对图书馆中已经存在的支持该种功能的系统进行概述；
- 策略：对图书馆传递此项功能导向的说明；
- 参考：相关的文档。

下面是 NLA 服务框架中对某一个具体服务的描述：

Alert

E-framework：	Alert
DLF：	No recommendation yet.

Definition： *Notify a user or system as to the occurrence of an event*

The trigger may be time-based or generated as the outcome of an audit.

Note the difference between alert and syndicate. Alert pushes content to a user based on a trigger. Syndicate publishes the content for consumption.

Services： **Alert**（**User**）

Shareable collection（Alert details）

Data： User，Alert details

Protocols： RSS，Atom，Email，ftp，sms

Systems： Some of our internal systems have alerts that result in emails to staff；some of our discovery services have alerts that result in emails of resource descriptions to external users.

Strategies： Implement alerts wherever needed to ensure that users are informed about changes to the content of collections or the state of business transactions or systems and services. For example，implement alerts to inform collection managers about file formats at risk of obsolescence using information from the AONS system as a trigger.

（五）项目评价

从2007年3月NLA提出Service Framework的概念，到2008年11月该框架0.91版推出，目前，这仍是一个在进行中的项目。项目借鉴和结合了 DLF 的 Service Framework 和 JISC 的 e-Framework，在结合NLA实践的基础之上，对框架进行了创造性的发展与完善。目前，服务框架已基本定型，各项服务也都经过完整的定义，但不排除随时对服务进行更名、分解、融合等方式的微调的可能。NLA Service

Framework 的目标是发展出一套核心服务类型,通过整套的 SUM 将这些服务类型发展成完好定义的服务表达,并通过 BPMN 范式表达整套工作流。该框架不仅是对服务框架领域以往研究的一个总结和继承,更因其整体的考量和推进使得框架具有整体性和可借鉴意义。

第三章　我国数字图书馆服务发展及研究现状

第一节　我国数字图书馆的发展历程

数字图书馆的理论研究与实践活动起始于20世纪90年代初的美国，在美国政府提出兴建国家信息基础设施（National Information Infrastructure，简称NII）和因特网逐步普及的大背景下，数字图书馆（Digital Library）的研究与实践从美国开端，逐渐在世界范围内形成一个国际性热点论题。

在我国，20世纪90年代初期开始，学术界对国外图书馆领域内的变化进行了及时的跟踪与报道，期刊上开始出现"电子图书馆"、"自动化图书馆"等方面的介绍与展望性质的文章。1994年，许中才在《关于"数字图书馆"的对话》一文中，第一次提出了"数字图书馆"这一概念。但我国对"数字图书馆"的大规模研究与建设工作则出现在1996年之后，当年8月，第62届IFLA大会在北京召开，会上举行了主题为"数字图书馆：技术与组织影响"的专题讨论会。[71]

1997年"全国信息化工作会议"之后，同年7月，"中国试验型数字式图书馆项目"由文化部向国家计委立项，由国家图书馆、上海图书馆等6家公共图书馆参与，该项目的实施是我国数字图书馆建设开始的标志。[72]

1998年开始，我国的数字图书馆建设开始升温。在国家科技部的支持和协调下，国家863计划智能计算机系统主题专家组设立了数字图书馆重点项目——"中国数字图书馆示范工程"，这是一个由首都图书馆、中央党校图书馆、中国国际广播电台图书馆等国内许多单位联手参与的大文化工程，于1999年启动，首都图书馆成为"中国数字图书馆工程首家示范单位"。

国家数字图书馆工程是与国家图书馆二期工程合并立项的国家“十五”期间重点文化建设项目。国家图书馆从1995年开始跟踪国际数字图书馆研究与发展动态，并进行了大量的技术储备和经验积累。2001年2月，文化部向国家发展计划委员会提交了《文化部关于报请审批国家图书馆二期暨中国数字图书馆工程项目建议书的函》。2001年11月，“国家图书馆二期工程暨国家数字图书馆基础工程项目建议书”得到国务院正式批准。2002年12月，“国家图书馆二期工程暨国家数字图书馆工程可行性研究报告”通过国家发展和改革委员会审批。2004年11月18日，国家图书馆二期工程初步设计方案通过国家发展和改革委员会审批。同年12月，国家图书馆二期工程破土动工。2005年10月11日，国家数字图书馆工程初步设计方案通过国家发展和改革委员会审批。目前正在实施过程中。根据批复，国家数字图书馆工程项目投资约4亿元人民币，全部由国家财政预算支持，项目建设单位为国家图书馆，预计5年内完成。项目经费将主要用于国家数字图书馆软硬件基础平台搭建与标准规范研制。

国家数字图书馆工程是我国数字图书馆建设的核心。国家数字图书馆工程作为我国第一个政府支持的国家级数字图书馆项目，从某种意义上来说，它不仅属于国家图书馆，也属于整个图书馆界。

2001年年初，国家发展计划委员会批准立项“全国党校系统数字图书馆建设计划”，总投资达1.9亿元。随后，北京大学、东北师范大学等院校相继成立数字图书馆研究所，在全国范围内掀起了数字图书馆建设和研究的高潮。

在各级政府的重视和支持下，我国数字图书馆建设历经10多年的跟踪、研究试验和实践，已经取得了阶段性的成果。一些国家性、地区性及商业性的数字图书馆建设项目相继启动。数字图书馆体系架构在业内也基本达成共识。遵循边建设边服务的原则，这些数字图书馆建设项目自建设之初就开始为社会公众提供日益丰富的信息服务。经过信息服务行业这些年的共同努力，中文信息服务已开始在互联网服务中占据一席之地，而数字图书馆的概念也日渐深入人们的社会生活。[73]

第二节　我国数字图书馆服务现状分析

经历了早期研究—试验立项—大规模建设三个阶段，通过10多年的投入与积累，我国数字图书馆已在各个领域开展。目前，各个领域主要的数字图书馆项目及其服务现状见表3－1。

表3－1　我国主要的数字图书馆项目

名称	建设时间	资源和服务概况	备注
		试验数字图书馆	
中国试验型数字式图书馆项目	1997.7—1999.12	国家图书馆（组长）、上海图书馆、深圳图书馆、广东省中山图书馆、辽宁省图书馆、南京图书馆等参与建设。	我国数字图书馆建设开始的标志
中国数字图书馆示范工程	1999—2001	首都图书馆、中央党校图书馆、中国国际广播电台图书馆等参与建设。	科技部支持、国家发展计划委员会批准立项的国家重点科技项目
		国家数字图书馆	
中国国家数字图书馆工程 http://www.nlc.gov.cn	1999—	通过国家图书馆网站提供包括馆藏珍品数字资源、外购商业数据库、网络资源导航等数字资源。通过Metalib数字资源门户对资源进行集成揭示，并提供用户定制等个性化服务。	中国数字图书馆工程进入实质性操作阶段标志
		公共数字图书馆	
辽宁省数字图书馆 http://www.lnlib.com	1997—	制作了辽宁文化信息库、中国电影世界、辽宁籍30年代著名作家资料馆、东北历史图库、张学良专辑、医疗信息库等多个专题数据库，通过辽宁图书馆网站向互联网上的用户提供服务。	

续表

名称	建设时间	资源和服务概况	备注
上海数字图书馆 http://www.digilib.sh.cn	1999—	包括古籍、民国图书、地方文献、科技报告、中外期刊、音响资料、历史照片等数以万计的资料，按照读者需求和文献特征形成九大系列，包括上海图典、上海文典、点曲台、古籍善本等。	
行业数字图书馆			
全国党校系统数字图书馆 http://lib.ccps.gov.cn	2001—	目前拥有的数字资源包括150多种数据库、20多万种电子图书、500万篇报刊文章、600万条文章题录。[74]	仅党校系统内部使用，暂不对公众开放
高校数字图书馆			
CALIS（中国高等教育文献保障系统）http://www.calis.edu.cn	1998—	以全国高校图书馆为主要服务对象，为全国500多家成员馆提供文献资源保障。	
CADLIS（中国高等教育数字图书馆）	2004—	目标是建立中国高等教育数字图书馆的基本框架，为进一步建立开放的、分布式的高校数字图书馆体系打下良好的基础。	是CALIS二期工程与中英文图书数字化国际合作计划（CADAL）两个专题项目的结合，“211工程”建设的三大公共服务体系之一

续表

名称	建设时间	资源和服务概况	备注
清华大学数字图书馆		除外购数据库以外,开发了多个特色数据库,包括建筑数字图书馆、数学数字图书馆、机械史数字图书馆等。并通过数字资源门户向用户提供集成检索、个性化定制及推送服务。	
科研数字图书馆			
CSDL http://www.las.ac.cn	2001—	提供集成检索服务,并通过“e划通”等工具使其资源和服务嵌入用户环境中去。	主要服务对象是中科院的科研人员及研究生
商业数字图书馆			
CNKI http://www.cnki.net	1999—	提供包括期刊、学位论文、会议文献、报纸、年鉴、标准、专利等多个平台的数据库资源。提供对资源的集成检索及统一揭示,并在各个知识节点间建立关联。	

数字图书馆(以及所有信息服务系统)的根本目标是通过一系列服务机制有效支持用户利用信息来学习和创造知识,随着信息资源、用户服务系统及用户信息环境的不断变化,其范式也在不断地演进,并逐步从以资源建设为中心转向以用户服务为中心。根据数字图书馆建设的基点和解决的关键任务,数字图书馆可以分为不断递进和深化的三段范式。[75]

第一阶段——基于数字化资源的数字图书馆。第一代数字图书馆所关注的重点是文献资源的数字化,构建数字化的信息资源体系,往往嵌入传统图书馆信息服务系统中。可以理解为数字化的图书馆是数字图书馆的初级形式。

第二阶段——基于集成信息服务的数字图书馆。在积累了一定的分布式、异构的数字信息资源之后，数字图书馆的发展目标转化为支持用户对分布式资源与服务的集成化利用。在资源集成方面，将传统馆藏、数字馆藏、外购数据库、网络资源等集成在一个统一的平台，提供集成的检索与统一的揭示；在服务集成方面，将虚拟参考咨询、信息定制与推送等服务集成。更深化地，可以针对不同用户的信息使用偏好，提供个性化、有针对性的信息服务。

第三阶段——基于用户信息活动的数字图书馆。随着用户信息环境的不断丰富与多元化，用户在信息利用方面的主动性凸现，信息活动的中心逐渐偏离图书馆。在这种情况下，数字图书馆的发展将围绕用户的信息活动和信息系统来进行，研究的重点是如何将数字图书馆的资源和服务集成、嵌入用户信息利用的过程中去，从而更有效地协助用户检索、利用信息来解决问题并进行知识发现。

纵观我国目前各个领域的数字图书馆，目前存在的主要问题包括：(1)各自为政、重复建设；(2)重资源、轻服务；(3)水平参差、发展不均。

第三节　我国数字图书馆服务框架的研究现状

为全面了解我国数字图书馆服务相关研究的发展与现状，笔者于2010年1月1日登录中国期刊全文数据库(CNKI)，以1990—2009年为时间范围，在篇名中检索“数字图书馆”与“服务”，共有检索结果1115篇，经过筛选、比较与剔除，共得相关文献905篇。其中，最早与数字图书馆服务相关的文献出现在1997年，为邓荣先撰写的《数字化信息媒体是图书馆服务工作的延伸》，初步探讨了图书馆数字化信息资源开发及服务相关问题。2000年以后，相关研究文献逐年增多，2002年起激增，形成图情学界的一个研究热点。此后每年的研究文献呈现快速增长的态势，并且相关研究进一步细化，但大部分研究文献仍集中在“数字图书馆个性化服务”(2003—2004年)、“数字图书馆参考咨询服务”(2000—2004年)、“Web2.0与图书馆”(2006年以来)、“高校图书馆数字图书馆服务”(2000—2002年)等几大热点领域内。[76]

10 多年来(1997—2009 年),我国在数字图书馆服务领域研究论文数量变化见图 3-1。

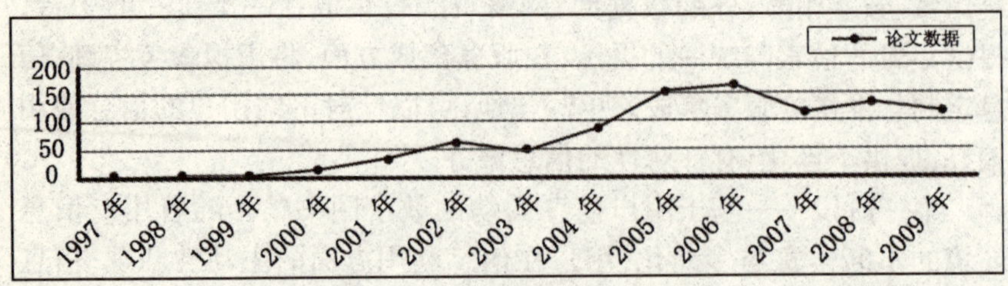

图 3-1　1997—2009 年数字图书馆服务相关研究论文数量变化

在对这些与数字图书馆相关的研究文献进行进一步梳理的基础上,笔者认为,这些文章可以从纵、横两个方向划分。

一、纵向:从研究内容划分

从研究的内容上来讲,与数字图书馆服务相关的研究大致可以分为 3 个层次:基础理论研究、服务实践研究以及服务衍生的相关问题研究。一般来说,理论指导服务实践,服务本身又衍生一系列相关问题(技术、知识产权、质量评价等)。以上 3 个方面的研究是相辅相成、互为促进的,同时又存在一定程度上的交叉。对 1997—2009 年的 905 篇研究文献按研究内容进行划分,基础理论研究约占 31%,服务实践研究约占 51%,服务衍生相关问题约占 18%,参见图 3-2。

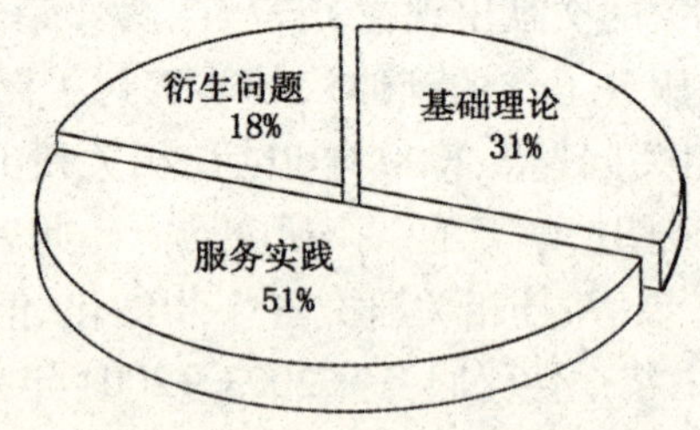

图 3-2　1997—2009 年数字图书馆服务相关研究论文内容分类

(1)基础理论研究:包括对数字图书馆及其服务发展方向的宏观研究,探索数字图书馆的服务模式与服务理念。一般的研究公认,服务主导型的数字图书馆将占主体,也是数字图书馆的发展方向。而知识服务也将是21世纪图书情报工作的生长点。[77]主要研究内容包括:

• 数字图书馆服务范式;

• 数字图书馆服务的理念;

• 数字图书馆服务的模式;

• 相关研究的回顾、综述与总结。

(2)服务实践研究:包括在各个层次上对数字图书馆具体服务模式的探讨。在各种服务模式中,又以数字图书馆个性化服务以及数字参考咨询服务研究占了大部分比重,另外还有国内外一些具体的数字图书馆服务实例或经验介绍,以及相应的比较研究。主要研究内容包括:

• 数字图书馆的具体服务模型;

• 数字图书馆的用户服务、读者服务等;

• 数字图书馆服务的用户研究;

• 数字图书馆个性化服务(推送服务、Mylibrary、集成检索服务等);

• 数字图书馆数字参考咨询服务(参考服务、虚拟参考咨询服务);

• 数字图书馆服务实例介绍(中外、各类型数字图书馆服务、比较研究等)。

(3)相关衍生问题研究:对数字图书馆服务的研究,必然会引发对一系列相关问题的关注与研究,这些研究随着服务研究的不断深入,也逐年增多并逐步细化,在各个分支领域内,体现着对数字图书馆服务问题的延续、支撑与深化。主要研究内容包括:

• 数字图书馆服务相关技术(技术平台的构建、技术应用,如RSS、网格、云计算);

• 数字图书馆服务著作权(著作权、其他知识产权问题、隐私权);

- 数字图书馆服务质量评价；
- 数字图书馆服务人员素养；
- 数字图书馆服务的管理；
- 数字图书馆服务的营销。

纵观以上研究文献，我国在数字图书馆服务方面的研究，侧重于对具体服务实践的探讨与经验介绍；在服务理论的构建方面，已经形成了一定的研究力量，在业界也具有一定的影响，但总体来说，各理论研究之间还较为分散与重复，尚未体系化；比较值得注意的是，对于服务的一系列衍生问题，已经引起了相当一部分研究者的关注，相关问题的研究也日益深入和细致。

二、横向：从研究客体的类型划分

从研究涉及的数字图书馆的类型划分来讲，这些研究又可以大致分为：普遍意义上的数字图书馆研究，对 1997—2009 年的 905 篇研究文献按研究客体的类型进行划分，其中普遍意义上的数字图书馆研究有 738 篇，占研究论文数量的大多数；除普遍意义上的数字图书馆研究外，以高校数字图书馆研究最为普遍且成果众多，共有 103 篇；其他各类型数字图书馆研究包括国外、军队、医学及商业数字图书馆等。具体类型分布见图 3－3。

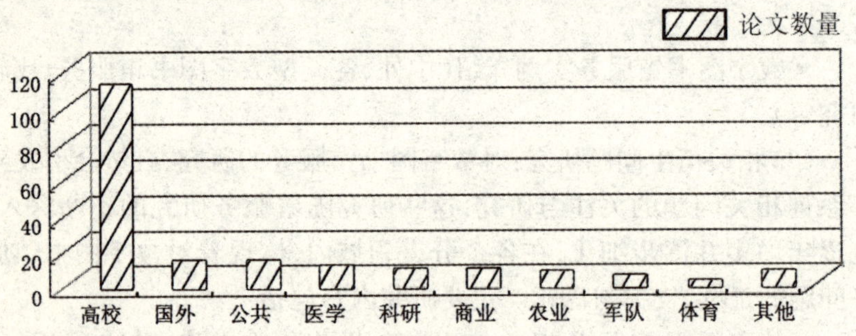

图 3－3　1997—2009 年各类型数字图书馆服务相关研究论文分类

三、主要研究内容

笔者将近年来国内有关数字图书馆服务框架和服务模式有关的重点研究内容摘录如下。

张晓林一直关注技术变化对图书馆服务带来的影响，他2000年在《图书馆技术机制的变化及其对图书馆的影响》一文中即介绍了图书馆技术机制从图书馆管理自动化系统到面向用户的文献信息服务系统、基于网络的文献信息服务体系、基于网络的数字化信息服务体系的发展过程，并分析由此引起的图书馆各方面的变化。[78]张晓林认为，知识服务是21世纪图书情报工作新的生长点。[79]在技术和信息环境变化的大背景下，数字图书馆机制的范式也在演变。[80]数字图书馆将从基于数字化资源的数字图书馆向基于集成信息服务的数字图书馆、基于用户信息活动的数字图书馆范式发展，也即数字图书馆不断递进和深化的三代范式。每种范式下的数字图书馆，都有各自的模式、实现形式和功能。数字图书馆范式的演变使得数字图书馆建设和信息服务理念、模式等方面均面临诸多挑战，挑战至少体现在两个层面：一是对数字图书馆建设的影响；二是对信息服务根本理念和模式的挑战。新型数字图书馆形态本身体现了关于信息服务和信息系统的新理念，并要求在信息结构、组织体系、服务功能和运营机制等方面有新的模式来支持和保障其有效发展。为深入阐述数字信息服务体系的概念和特点，张晓林在《开放数字信息服务体系：概念、结构与技术》一文中，进一步阐述了开放数字信息服务体系的概念、原则要求和功能框架。[81]开放系统的开放描述基于扩展的元数据概念，信息系统通过开放语言和规范机制来实现对系统各层次内容的开放描述。分布服务机制源于分布对象技术，它将各种系统视为一个数字对象，对其界面、功能、数据流、传输协议等进行描述。开放体系的开放集成，包括横向和纵向开放集成，它们各有其技术线路。这也是国内学者较早提出的信息服务体系的功能框架。

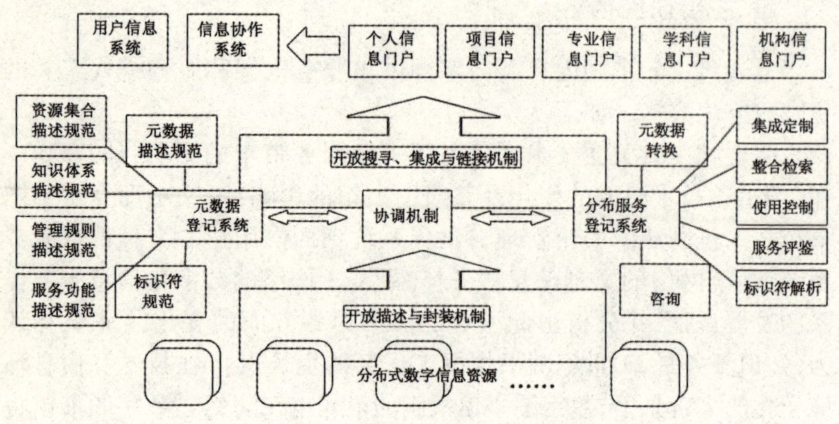

图 3－4 开放体系的总体功能框架

数字信息环境下的图书情报服务面临的挑战、应变与再造也是张晓林学者一直关注的问题。他分析了数字信息主流化、学术交流体系重组、用户工作空间数字化和数字图书馆范式演变等信息环境变化趋势，描述了图书馆界通过重组传统服务、拓展服务内容、构造基于用户的服务机制等应变措施，最后指出根本性出路还在于从知识管理和知识服务角度再造图书情报服务。[82]在《从数字图书馆到 E-Knowledge 机制》一文中，张晓林再次指出，数字图书馆面临着新的信息环境、用户需求和竞争市场的挑战。[83]当前数字图书馆系统模式存在的复制传统图书馆功能、束缚信息资源系统和以图书馆为中心的局限，为其发展带来了危机。根据知识的多重含义，可建立支持知识内容、应用环境和应用群体有机交互的 E-Knowledge 机制。例如在科研领域，就可建立包括数字科研空间、知识组织、知识发现、知识管理和知识服务在内的系统机制，作为数字图书馆未来的发展取向。《数字图书馆服务信任协商——框架及模型》一文，重点研究数字图书馆服务环境中，基于多个伙伴服务之间的信任协商来建立未经事先注册的用户与被请求服务之间信任度的功能模型和技术机制。[84]在《让数字图书馆驱动图书馆服务创新发展——读〈国际图联数字图书馆宣言〉有感》一文中,张晓林指出数字图书馆不是工具而是基础,数字图书馆不仅是数字化资源与系统,更是新的环境与服务。[85]数字图书馆从根本上讲是为用户提供一个数字化网络化的服务环境,提高用户获取与利用信息的能力。因此,具体的数字图书馆建设的目标与方式将随着用户环境和时代的不同而不同,要“跳出图书馆”来分析和设计数字信息服务,避免用图书馆固有的模式和界限来限制用户的信息需求与利用。其中面临的挑战可能包括:开放集成各类数字内容、有机嵌入用户信息环境、有效支持用户知识活动、积极推动良性数字信息环境的建设等。

除了在理论上不断探索数字图书馆服务体系的创新和发展,张晓林还结合 CSDL(国家科学数字图书馆)的建设实际,深入阐述面向用户的数字信息服务体系。张晓林 2002 年在《国家科学数字图书馆:面向用户的数字信息服务体系》一文中深入阐述了国家科学数字图书馆(CSDL)的总体建设任务框架、总体技术架构、总体建设组织机制等。[86]作为中国科学院知识创新工程的重要组成部分,国家科学数字图书馆(CSDL)项目于 2001 年年底正式启动,基于开放数字图书馆理念,建设分布、异构、动态变化的资源与服务。为进一步阐述 CSDL 的设计与实现,张晓林 2003 年在《开放数字图书馆的设计与实现:CSDL 的实践》一文中分析国家科学数字图书馆的应用环境特征后,介绍了模块化、逻辑集成、开放服务、可伸缩可扩展等开放体系结构的设计原则,描述了分布式开放门户体系、开放描述、分布服务、开放整合等开放技术方法,并给出了总体框架和技术层级范例。[87]

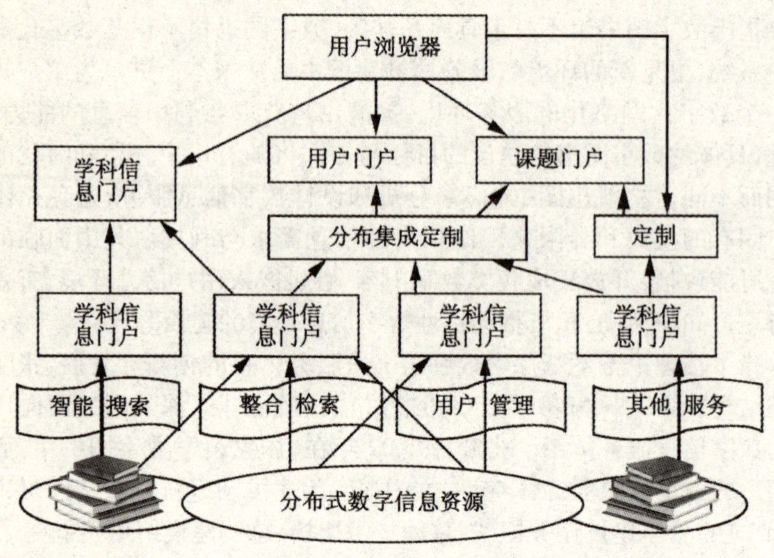

图3-5 分布式开放门户体系

郭海明在《数字图书馆信息服务模式的演变》一文中阐述了数字图书馆信息服务模式的演变,[88]数字图书馆的信息服务模式历经了馆员中心、资源中心、产品中心模式的发展后正向用户中心的模式演变。作者以数字图书馆从低级到高级的发展阶段为线索,探讨了其服务模式的具体发展过程与规律,并对其未来走向提出个人设想。作者认为迅速发展的信息网络和数字信息资源体系正在造就一个全新的信息服务环境,这必然要求数字图书馆服务人员从用户信息利用全过程及其复杂信息活动的角度来重新审视信息服务系统的功能结构与服务模式,构建一种基于用户信息活动、面向问题服务主动与利用自助相结合的集成式信息服务模式。这种模式的主要特征有:(1)基于用户信息活动;(2)面向问题解决;(3)信息提供自主性;(4)信息利用自助性;(5)服务体系集成化;(6)信息资源分布式。

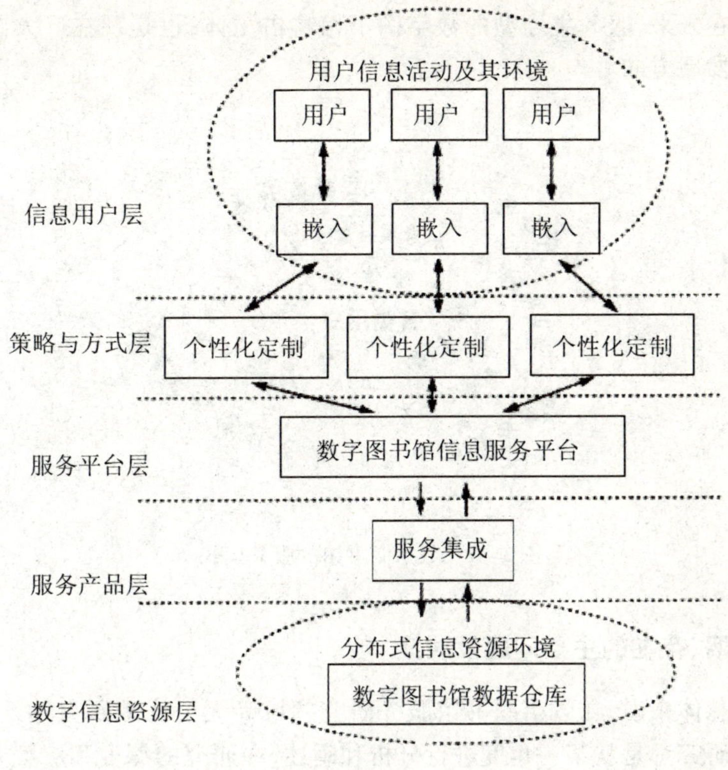

图3－6　面向活动的信息服务模式

早在2004年，杨宗英、郑巧英两位学者就提出了服务主导型数字图书馆是未来数字图书馆的发展方向之一。[89]王丙炎、杨思洛两位学者在《数字图书馆的服务模式探析》一文中进一步阐述了服务主导型数字图书馆的服务模型，[90]它是以用户为中心、以信息门户为统一界面、以5种服务方式为主体、多种信息资源综合利用的四层结构模式，主要包括个性化服务、集成检索服务、参考链接服务、数字参考咨询和学科信息门户等服务方式。根据数字图书馆发展历史和存在的现实，尽管人们对数字图书馆存在不同见解，但促进信息资源的有效利用，为人们提供便利、高效、优质的信息服务始终是数字图书馆的目的和归宿。在未来，服务主导型的数字图书馆将占主体，也是现在广大图书馆的发展方向。

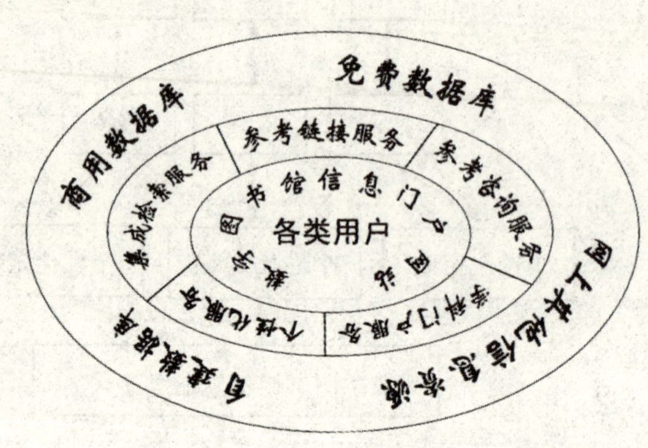

图 3－7　数字图书馆的服务模式

四、存在的主要问题及对策

总体来说，在数字图书馆服务研究领域尚无公认的研究体系，大多数研究都是从某一角度进行分析和阐述，在研究的深度和广度方面也各不相同，同时在一定程度上存在交叉和重叠。值得肯定的是，以用户为中心、以服务为主导的数字图书馆发展模式，已经在广大学者中达成共识，“服务”问题也已经引起业界很高的重视。但在具体服务模式上，各家的认识还存在一定的分歧。数字图书馆服务尚未形成完整的理论体系，研究分散而未形成体系化；同时在某几个热点领域内（数字参考咨询、个性化服务等）集中了大量文献，重复研究现象严重；并且理论研究多、实际应用少，在理论研究向实践转化方面还存在很大的障碍。

为更好促进我国数字图书馆服务相关研究开展，笔者建议：首先应当构建数字图书馆服务研究的理论体系；其次在各个研究点上突出重点、带动一般，各个研究方向齐头并进，相互促进，共同进步；同时要促进理论研究与实际工作的结合。

第四节　我国数字图书馆服务发展现状

一、国家科学数字图书馆

（一）基本情况

国家科学数字图书馆（简称 CSDL）是中国科学院 2001 年年底启动，为期 5 年的基础设施重大建设项目，总投资为 1.4 亿元。CSDL 依托中国科技网，构建科学研究和国家创新体系的科技文献信息支撑系统。着力确保资源共建共享、完善联合服务、参与国家平台建设、加强战略情报研究，开始推动文献情报系统提升战略性集成性服务能力。

通过近 70 个项目的建设，CSDL 为中科院研究人员和研究生开通了 100 多个科学文献数据库，并推出随易通、文献传递、参考咨询和跨库检索等近 10 项网络化服务，同时开展“资源和服务百所行”活动，深入科研一线，进行数据库和服务的培训和宣传，持续、可靠地支持中科院的“数字化科研环境”。

（二）CSDL 系统建设结构

CSDL 采用开放、集成和用户为中心的设计理念，应用了学科信息门户、开放链接和跨库检索等先进实用技术，其系统建设框架可分为资源层、系统服务层和门户层。

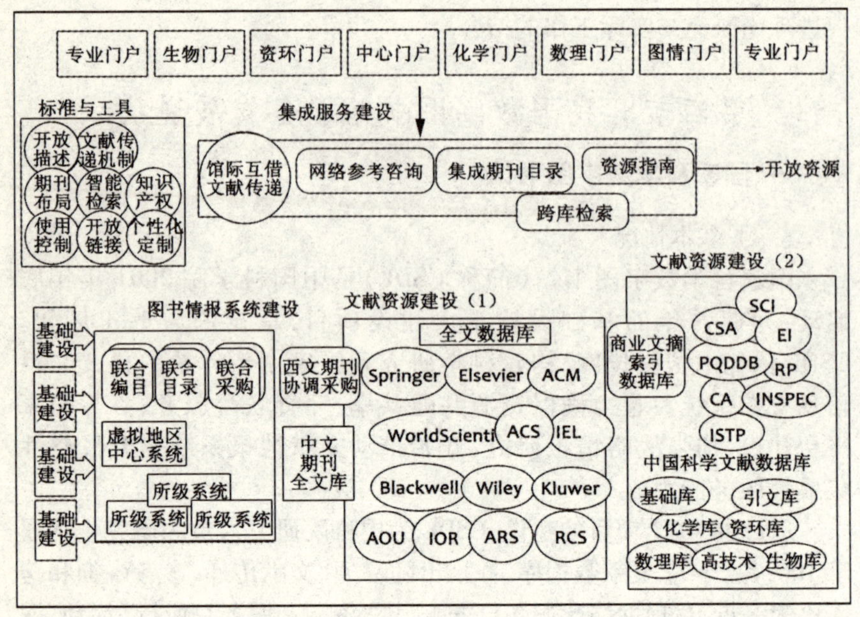

图 3-8　CSDL 系统建设结构示意图

1. 资源到所

资源层包括 CSDL 通过组团、联合采购和补贴等多种方式为全院开通的数据库。类型有：外文期刊全文数据库、文摘数据库、引文数据库、事实数据库、西文学位论文全文数据库、中文科技期刊数据库、中文电子图书库、科学文献数据库。CSDL 提供的外文全文数据库，覆盖了数千种核心期刊及西文会议录。内容涉及数学、物理、化学、生命科学、社会科学、天文学、电气与电子学、计算机科学等领域。此外，CSDL 为全院开通的电子工具书和丛书有：Beilstein/Gemlin 贝尔斯登/盖墨林化学事实数据库、LB 数值与事实工具书、KNOVEL 电子工具书系列和 Springer 电子图书丛书。为提高中文科技文献保障程度，CSDL 为全院开通维普中文科技期刊数据库，并设置北京和武汉两个镜像服务站点；开通方正电子图书库；并通过国家科技图书文献中心

(NSTL),在中科院文献情报中心开通总量达到13万种的电子图书库。

2.服务到人

CSDL提供的资源和服务伴随中科院每一个科研人员和研究生。无论何时何地登录因特网,都可以使用全院图书馆员提供的服务。它们是随易通、中国科学文献服务系统(Science China)、联合编目网上服务系统、跨库检索服务、跨库集成浏览服务、馆际互借与文献传递服务、学科信息门户和参考咨询服务。

(1)随易通(分布移动身份认证系统):通过用户名和密码认证,全院研究人员可免费查询CSDL开通的近30个数据库,无论何时何地,只要能上网就可使用。随易通用户可访问中文全文、文摘数据库和外文文摘数据库;持有电子钥匙e-key的用户还可访问本单位订购的外文全文库。

(2)Science China它包括现刊目次库、中国科学引文数据库和中国科学文献数据库,覆盖了1986年以来近3000种中文核心科技期刊,文摘数据总计120万篇,引文数据达到500万条,并提供全文链接、馆藏查询和个性化定制。每年新增文摘20万篇,新增引文120万条。是检索国内论文收录和引用的重要数据库。

(3)联合编目网上服务系统。检索国内400多家图书馆收藏的中外文期刊和中科院文献系统收藏的中西文图书,联机提交原文传递请求;提供网络期刊、网络图书的全文链接,并报道全院最新收藏的中外文图书。

(4)跨库集成检索。CSDL能对30个全文数据库、9个文摘数据库、4个电子图书库和近50个图书馆共计100多个公共目录数据库同时进行检索,用户在统一的界面输入检索关键词,就可同时检索多个数据库。在指定IP范围内,提供可视化检索服务。

(5)跨库集成浏览。如果需要查找一种期刊的全文而不知道它在哪个数据库,就可以使用跨库集成浏览。可以刊名的字顺、学科大类和数据库3种方式浏览近3864种外文期刊,并获得原文传递、最新目次、引文链接、期刊引用报告等。

(6)馆际互借和原文传递。检索全国期刊、中科院图书联合目录,通过网络获得院内外图书馆的文献。目前全院87个研究所的图书馆参加,可覆盖近7.7万种中外文期刊和80万种中西文图书。科研人员首先检索联合目录,然后通过网络请求文献,在2个工作日内通过电子邮件等方式获得全文。

(7)参考咨询服务。研究人员可通过网络向图书馆员和学科专家提问,并在3个工作日内得到解答。问题包括图书馆常规服务指南、各类文献资源查询指引、信息检索方法和工具指导、科技常识解答、问答知识库检索、网络资源导航等服务。目前提供实时参考咨询服务,服务时间为:工作日9:00—21:00;周末9:00—12:00,14:00—17:00。

3. 学科信息门户

学科信息门户是图书馆员精心挑选和组织因特网上专业学科的文献信息资源和服务为用户提供权威、可靠的目录导航。CSDL学科信息门户建设分为两个层次。第一层次是按学科大类组建的,由国家科学数字图书馆项目管理中心规划组织,已经有化学、生命科学、环境资源、数理科学、图书情报系统资源5个门户在建并已投入使用,初步形成了资源选择和标引组织的规范。第二层次是针对具体的专业领域或跨专业、跨学科领域的专业信息门户,提供深入、具体的专业信息资源(包括网络资源各类数据库、出版物、专业信息发布、专业信息交流平台等)的选择、组织、整合和提供服务。目前已建成化学、资源环境、生命科学、数学物理和图书情报5个学科门户和科技政策、微生物、海洋学科、种子植物、新生传染性疾病等10个特色门户网站。

4. 资源和"服务百所行"

为了使中科院科研人员能够充分了解、使用CSDL和中科院文献情报系统的资源与服务,深化"资源到所、服务到人"用户培训与信息服务,CSDL组织中科院的图书馆员和学科专家,联合数据库提供商,每年到中科院内的研究所和研究生教育基地举办CSDL数据库和服务系统的使用培训,帮助研究人员更好地利用CSDL提供的各种数据库和服务系统。“服务百所行”的目的在于强化5个文献情报中心“资源到所、服务到人”的服务理念和服务模式,进一步开展院所联合的面向科研一线的用户培训与信息服务,全面提升中科院文献情报系统的整体服务能力。

(三)服务能力和水平

CSDL带动中科院文献情报系统成功实现两个转变。首先是一线科研人员从参考印刷类型文献转为主要参考数字化文献的科研活动转变;其次是从中科院文献情报系统分散保障、各自建设转变为整体化、集约化建设的共建共享文献服务机制。主要体现在4方面:(1)大幅度提升研究所一线的科技文献获取能力(总体达到德国马普学会文献保障水平);(2)形成全院文献资源共建、共享、共发展的整体机制,形成科技创新、跨越的重要基础设施;(3)在国家科技文献平台层面创建中科院的核心竞争力和品牌;(4)符合中国特色和中科院战略需求,强调公共信息平台的综合集成和创新,加强科技创新能力。2004年数据库使用统计表明,全院电子版全文文献下载次数为917万(以全院5万科研人员计算,平均每人每年通过CSDL使用160篇文献)。以美国化学学会全文期刊数据库(ACS)为例,年下载全文达到132万篇,平均每篇文章的使用成本为0.24元。

二、国家工程技术图书馆

(一)概况

国家工程技术图书馆主要收集国内外期刊、会议文献、科技报告、科技丛书、学协会出版物、学位论文、检索和参考工具书等类型的科技文献,设有院士著作馆,文献收藏量超过500万册,同时,开通80余种国内外数据库,灰色文献收藏规模居国内首位。以参考性强、价值高的灰色文献为馆藏特色。

馆藏文献的学科专业以工程技术领域为主,兼顾基础科学领域以及图书馆学、管理学、经济金融等专业。馆藏重点和优势学科专业为:一般工业技术、材料科学、电子电信、电力电工、自动化技术、计算机科学、环境科学、航空航天、能源动力、交通运输、建筑水利、海洋工程、纺织工业、食品工业、造纸工业、军事科学、地球科学、生物工程、图书馆学与情报学、管理科学、经济学、金融学等。收藏的文献以英文为主,占文献总量的95%,同时兼顾少量的日文、德文、俄文和法文文献。收藏文献的载体类型主要包括印刷版、电子版(光盘版和网络版)、缩微版(缩微平片和缩微胶卷)以及少量的声像资料。

(二)服务

根据国家科技文献战略保障和科技文献整体建设规划,国家工程技术图书馆在资源建设上采取了藏用并重的馆藏方针,在优先采集印本文献资源的同时,尽可能多地捆绑开通电子版文献和配置全文文献数据库,满足不断发展的科技自主创新对科技文献资源的需求。主要服务对象包括国家或地方的重点科研项目、专业人员,特别是学科带头人、各类学者、高校师生等,为他们提供知识服务、专业服务以及增值服务等。

知识服务向注册用户提供以在线知识获取为特征的服务,是工程技术图书馆的一项重要服务。在线知识服务系统通过对海量信息资源进行分析、统计和挖掘,能够为用户提供所需的知识。知识服务系统与该馆的全文服务系统相整合,还可为用户提供原文提供服务。主要包括以下服务项目。

集成检索服务:整合了各种类型的印刷版、光盘版、镜像版、网络版资源,面向用户提供跨库、集成、一站式的检索服务。实现了按出版单位、国别、年代、字顺、主办单位、学科专业、语种等不同角度进行导航的揭示机制,可以从文献类型、学科专业、出版单位、文献语种、文献载体等不同角度和层次检索全部馆藏,并可根据需要通过直接点击原文传递、代借代查等服务功能获取原文。

原文传递服务:依托该馆资源面向注册用户提供的文献全文查询、传递和获取服务。用户通过该馆网站注册并预付费用后,为科研、教学和学习目的,可以自助检索并通过原文传递服务以电子邮件、信函、传真等方式获得该馆馆藏文献全文。该馆将在24小时内按照用户选择的投递方式发出原文文献。

代借代查服务:依托国内外图书情报机构的资源帮助用户及时获取疑难和稀有文献的全文。为各类用户提供国内外图书情报收藏的各种类型文献的原文传递服务;与大英图书馆、加拿大科技情报所等国外图书情报机构建立了长期合作关系,为国内用户提供国内无馆藏的各类文献的原文文献的复制及传递服务。对代借代查结果实行 24 小时内咨询回复。

收录引证服务:为用户在申报成果、项目、论文水平评估、申请学位、职称评定等方面提供机构或个人的论文收录引用检索服务。根据国内外数据库检索结果,出具检索证明,核定学术机构、学者、论文的影响力。

科技查新服务:该馆是国家首批认定的国家级科技查新咨询机构和国家指定的国家发明奖查新单位,有近 20 年的科技查询工作经验和历史。根据用户提供的需要查证其新颖性的科学技术内容,以文献检索和情报调研为手段,以检出结果为依据,通过综合分析,为各级各类科研项目的开题立项、成果鉴定、评估、验收、转化、报奖以及新产品开发和技术引进等提供查新报告。

知识链接服务:基于 6000 种期刊近 10 年的论文、引文、作者、机构、基金等数据,为用户提供知识要素相互链接、相互参照、相互引用的知识关联服务,从期刊、作者、主要机构、基金等多角度对某一特定对象的发文情况和文献被引情况进行专项查询和统计分析,直接查询期刊的文献计量指标并进行原文链接服务。

重点服务:通过加强与各科研院所和大专院校的合作,建立融入科研学习环境的数字化科研资源环境,实现资源嵌入到院所。通过加大对重点用户群体的服务力度,对重点院所及科研团队等实施重点服务策略,建设专题知识库,并建立绿色服务通道,实行专人服务机制,定制和提供个性化、专业化、系统化的一揽子服务,探索和推进个性化、知识化、重点突出、层次多样的服务格局。

三、高校数字图书馆

高校图书馆一直是我国教育与科研的信息资源支撑主体，在高校的学术研究与学科建设过程中发挥着重要的作用。高校数字图书馆的建设，是国内关于数字图书馆研究兴起之后热点的研究对象与研究内容，研究成果也最为丰硕，充分说明高校图书馆在数字图书馆建设与研究方面的高度重视与关注。

（一）网络基础设施建设

伴随着互联网的发展与高校校园网的高速普及，最新统计数据显示，全国已有 1000 多所高校接入中国教育和科研计算机网（CERNET，是由国家投资建设，教育部负责管理，清华大学等高等学校承担建设和运行的全国性学术计算机互联网络，是全国最大的公益性计算机互联网络）。[91]另外，中国公用计算机互联网（CHINANET）、中国科学技术网（CSTNET），中国金桥信息网以及有线电视网等已连接全国多所高校，五大骨干网为我国高校数字图书馆建设提供了良好的传输通道。

（二）联盟与合作的建设模式

1. 中国高等教育文献保障体系（CALIS）

依托 CERNET 网络保障建设的中国高等教育文献保障体系（CALIS）是"211 工程"高等教育公共服务体系的重要组成部分。CALIS 由"全国中心—地区中心—高校图书馆"三级构成，其建设宗旨是：在教育部、财政部、发改委的领导下，把国家的投资、现代图书馆理念、先进的技术手段、高校丰富的文献资源和人力资源整合起来，建设以中国高等教育数字图书馆为核心的教育文献联合保障体系，实现信息资源共建、共知、共享，以发挥最大的社会效益和经济效益，为中国的高等教育服务。[92]

CALIS 通过组织成员高校图书馆，利用集团购买电子资源产品和自行数字化加工等方式，形成了以数字化图书、电子期刊、学位论文为主的覆盖所有重点学科的学术文献资源体系。目前，其数字资源的记录总条数已超过 3280 万条，[93]构成了目前国内最大的文献报导体系，较全面地揭示了高校的电子资源和纸本资源,为高校间大规模的资源共享提供了条件。同时,CALIS 利用自行开发的 CALIS 门户系统和其他相关软件,构建完整的数字图书馆综合服务门户平台,集成各类数字图书馆应用系统,整合成员馆的资源和服务,为用户提供一站式、个性化、高度集成的学术文献服务。由 CALIS 发展过程中形成的众多高校数字图书馆建设成果,诸如高校图书馆广泛参与的共建共享机制、分布式数字图书馆服务平台的推出、国内首家联机合作编目服务体系的建立、"对等式"馆际互借与文献传递服务体系的创建等,都为完善国内高校数字图书馆联盟与合作、实现技术与资源的同步共享奠定了基础。

经过 10 年的发展完善,目前 CALIS 正在三期建设中,该体系已是拥有超过 1000 家成员单位,由全国管理中心和 4 个全国文献中心、8 个地区中心、15 个省中心、22 个数字图书馆基地、100 家"211 工程"院校图书馆组成的三级全国高校文献保障和服务体系。CALIS 已建成了分布式"中国高等教育数字图书馆(CADLIS)"支撑和服务平台,包括书目数据量达 270 万、馆藏数据量达 2000 万的全国联机编目系统和联合目录数据库,在 50 多所高校之间形成馆际互借与文献传递网络。[94]

2. 中国高等教育数字化图书馆(CADLIS)

2004 年,作为中国高等教育文献保障体系的"十五"建设项目,由 CALIS 二期工程与中英文图书数字化国际合作计划(CADAL,由中美两国计算机科学家共同发起一项国际合作计划,其目标是建设面向教育和科研的百万册图书规模的数字化文献资源)两项专题组成的"中国高等教育数字化图书馆"(China Academic Digital Library & Information System,简称 CADLIS)项目由浙江大学和中国科学院研究生院牵头建设,是全国"211 工程"的三大公共服务体系之一。该项目的目标是:通过合作建立具有国际先进水平的开放式中国高等教育数字化图书馆的框架,并使之成为国家重要的信息基础设施之一。以此推进高校文献资源的合理配置,实现信息资源共建、共知、共享,深化资源的有效开发和利用，提高图书文献保障水平，大力推动教育信息化的发展。

CADLIS 在高校数字图书馆的标准与规范建设、数字资源的扩大加工、技术支撑环境的建设以及整合服务体系建设方面作出了重要的贡献和努力。

3. 地方性高校数字图书馆联盟

我国数字图书馆的工作重心已逐渐从资源建设为主向以服务建设为中心转移。数字图书馆的建设与完善，不再只是重视资源的拥有，而是扩展到资源的获取方面。用户对于知识信息资源的需求呈现出个性化与广泛性的新特点，高校数字图书馆的发展需要顺应数字化技术发展趋势与用户的真实需要，在转变服务方式、整合资源内容等基础上继续前进。构建联盟技术的成熟，为各高校图书馆间相互合作、共享资源提供了可能。

目前国内已研发出先进的数字图书馆联盟技术平台，即数字图书馆联合平台。该平台具有实用性、整合性，为读者用户提供统一认证、可扩展、可配置的服务入口，实现联盟内的多样化知识管理服务、多种资源同时检索获取，使用户能直接从各类资源与应用中获取个性化信息。而数字图书馆联盟的成员馆则成为新技术及新技术平台的用户。辽宁省、浙江省等多个省份地区都已建立地方性高校数字图书馆联盟，联盟实施的具体内容有：搭建共享检索平台、通过集团购买与自建形式共建共享资源数据库、加强多层次的技术合作与业务培训等。高校图书馆通过区域性共同协作与资源共享的形式，实现资源与服务的优势互补，使高校的师生用户获取更广泛丰富的知识信息。

（三）独立性与专题性数字图书馆

高校数字图书馆建设的另一种模式，是依托高校独立的研究特色与收藏优势创建专题式的数字图书馆。在已联网的高校中，基本上每所高校自有网站都建有自己的图书馆检索系统：北京大学、清华大学等高校采用 APTLIN 操作系统；浙江大学图书馆较早地开发出了趋于个性化的服务系统——“My Library”系统；天津市为实现天津市内高校系统的资源共享，引进美国的 UN ICORN 操作系统，对原各高校图书馆的操作系统进行了更新……许多高校针对专业和学科特点，相继购买了网络学术数据库和图书全文数据库等，并利用数据库技术、Web 技术和其他信息技术建立了自有数据库，开发优化数字化馆藏内容。

清华大学创建的系列专题数字图书馆，有清华大学建筑数字图书馆、数学数字图书馆、机械史数字图书馆等。清华大学的建筑数字图书馆于 1999 年开始策划；数学数字图书馆于 2002 年始建；机械史数字图书馆于 2005 年立项，2006 年通过验收。[95]高校专题图书馆的建立，为学术和科研工作奠定了权威性和专业性，同时集中的专题资源多来自高校自身长期的积累与收藏，有利于解决数字化文献资源的知识产权归属问题。高校专题型图书馆的服务模式，是基于某个主题进行深度和广度的资源挖掘与服务，提高多种层次的读者获得信息资源的能力，从一定程度上来说，它更接近于学术研究。

北京大学、东北师大等高校图书馆还专门成立了相关研究机构针对数字图书馆的建设进行研究和开发，有力地推动了我国高校数字图书馆前进的步伐。高校图书馆数字资源建设，为高校师生和学术研究工作者的教研工作提供了越来越方便的服务，专业和权威的知识信息资源与服务使我国高校教育科研队伍获取信息和知识的能力得到了大幅度的提升。

（四）发展中的阻力因素

1. 资源基础依旧薄弱

现阶段我国高校图书馆中，传统的纸质文献依然占据主导地位，数字化的馆藏资源相对贫乏。数字资源的品种与数量与世界一流大学相比仍有较大差距。除了书刊信息数据库外，可利用的高质量专业数据库资源可谓凤毛麟角。作为学术研究与科研工作的重阵，高校每年都承担着大量教学与科研工作任务，强大的信息资源支撑体系、有效规范的信息管理与提供，对高校图书馆建设与高校全面发展都具有不可或缺的重要作用。

2. 标准规范尚未完善

虽然各高校数字图书馆联盟都在致力于制定基于实现资源共享与开放的数字图书馆相关标准规范，但高校数字图书馆在资源建设中的分散性与孤立性仍然未得到质的改变。数据库的购买与采用没有统一的标准，许多自建数据库与数字资源格式不兼容，从而导致数字资源开发与加工的重复，这是当前造成高校图书馆资源共建共享工作受限的主要原因。标准规范的早日建立，有利于节省成本发挥数据库的最大应用范围，实现共建共享的目标，也有利于从用户角度考虑提高数字图书馆服务的操作便捷性。

3. 资金支持有限

数字图书馆的建设是一项系统性的项目工程，需要建设方从硬件设备、软件资源等各方面进行长期的投入，其中涉及：系统开发、人员培训、纸质文献的数字化加工、数字资源存储等，这些都需要充足的经费作为后盾。然而，当前我国只有全国性重点大学和“211 工程”大学的数字图书馆能够获得建设与开发的专项拨款，普通高校图书馆则基本依靠学校拨款，经费来源十分单一。这在很大程度上造成了全国范围内高校数字图书馆的建设水平差距，对高校数字图书馆的整体发展形成了制约。

4. 人才资源匮乏

数字图书馆的产生与发展，对图书馆人才素质提出了更高要求。在原有对图书馆业务与专业熟悉的职业技能素质基础上，数字图书馆的工作人员还应当具备相关的计算机知识与信息资源管理能力。在我国高校中，专业的图书馆人才较为稀缺，而跨专业、高素质的复合型数字图书馆人才在高校数字图书馆工作中更是少见。数字图书馆离不开先进的技术研究与应用，也离不开对前沿研究的关注与引进，这都需要雄厚的人力资源力量支撑。今后高校数字图书馆工作应当重视人才的培养与任用，为数字图书馆的长远发展积蓄力量。

四、党校数字图书馆

图书馆作为党校的文献信息中心，是我国各级党政机关的决策信息基地。党校图书馆作为教学、科研和领导决策服务的学术性机构，其建设水平与发展程度是党校教学科研水平和能力的一个重要标志。党校图书馆的信息化与数字化建设，是当前信息社会的发展需要。全国党校数字图书馆的建立与完善，有利于从教学科研基础设施上提高干部队伍的培训教学工作水平，强化党校教育的后备信息支撑体系。

（一）基础设施建设

我国县级以上党校共有3300多所，从中央到地方已基本形成全面覆盖的党校教育网络，与全国网络建设结构几乎相同。中央党校的远程教学从1999年的5个网站发展至今已达上千个，形成了良好的组织体系基础。全国党校系统逐步完成集校园网络、卫星与地面互联网络、双向有线数字电视系统及3G移动通讯网络于一体的建设，提供面向党校科研、学员学习的资源共享一体式教育平台，实现了党校系统内基于卫星和互联网的资源共享。包括中央党校在内的各级党校都在积极购买数据库资源，通过VPN连接进入中央党校内网后，经过授权均可以使用相应资源。这可以弥补各地图书馆数字资源匮乏的情况，避免各地区重复购买数字资源数据库，造成重复建设和资源浪费。目前包括浙江、四川、山东、广西、安徽等省级党校已经实现了省内党校VPN网络的互联互通，部分实现了省内信息资源共享。

（二）全国党校系统数字图书馆建设

全国党校系统数字图书馆工程建设起始于2000年，与农村党员干部现代远程教育中心资源库工程、远程教学网络工程和校园网络工程并称为全国党校信息化建设的“3+1”工程。早在2000年在海南召开的“全国党校图书馆工作暨数字图书馆建设会议”，曾明确地指出党校系统数字图书馆建设的整体规划，最终目标是实现党校系统的资源全面共享。而各省、直辖市、地、市党校，则根据自己的经费预算，各自规划数字图书馆的建设计划。[96]

2001年年初，国家计委批准立项“全国党校系统数字图书馆建设计划”，总投资达1.9亿元。全国党校系统数字图书馆建设作为一项长期工程，计划用5年时间分3步实施一期工程。在中央党校图书馆和部分省级党校图书馆建成一批核心网站，形成全国党校系统数字图书馆的核心框架，并主要抓好硬软件建设和资源库建设，建成具有相当规模的资源库，形成比较完整的全国党校系统数字图书馆信息网络。在资源建设上，着重建设具备党校特色的专题数据库，满足用户有针对性的使用需求。

2006 年 6 月，“全国党校图书馆数字资源共建共享工作会议”在上海召开。会议上通过了《全国党校图书馆数字资源建设规划（2006—2010）》，并提出全面推进全国党校系统图书馆数字资源的共建共享工作，标志着全国党校系统数字图书馆资源共建共享工程的正式启动。规划制定的总体目标是：在 5 年内基本建成全国党校图书馆数字资源共建共享服务平台，建成具有相当规模的、能基本满足党校系统基本学科和优势学科建设需要的特色数据库群，以支撑党校教育的发展。具体任务包括：（1）构建一个共建共享平台及其运行机制，结合中央党校数字图书馆国家项目的实施，建设全国党校图书馆数字资源共建共享平台，形成高效、协调的数字资源共建共享运行机制。（2）建设具有党校特色的数据库群，确定了“马克思列宁主义研究”、“毛泽东思想研究”、“邓小平理论研究”、“‘三个代表’重要思想研究”、“科学发展观研究”、“中共党史研究”、“中共党的建设研究”、“世界政党研究”、“党员干部修养”、“当代国际政治研究”、“行政学研究”、“领导学研究”、“新农村建设研究”、“政法干部教育”、“企业干部教育”等首批 15 个共建共享专题数据库。[97]

（三）中央党校数字图书馆工程

2000 年 4 月，中共中央党校同国家 863 计划中国数字图书馆发展战略组签订合作协议，开始进行中央党校数字图书馆建设研究。2003 年，中央党校数字图书馆工程正式立项，成为我国获准立项的第二个数字图书馆工程。

中央党校数字图书馆工程是全国党校系统数字图书馆建设的示范性工程，在党校数字图书馆的资源建设、技术规范、服务模式的探索与实践方面均具有领头作用。作为全国数字图书馆总体框架的核心之一，该工程的建设目标包括有：建设具有党校教学与科研特色的资源库群；建立满足党校教学和科研需要的资源服务体系；建立立足于党校、面向社会的马克思主义教育和传播基地；充分利用国家已有的信息网络的物理平台，做到与其他核心节点之间互联互通；总体技术水平与国际接轨。[98]

1. 技术基础

中央党校数字图书馆建设的技术支撑基础来自于国家863计划。国家863在数字图书馆工程相关技术方面，诸如信息检索、海量数据存储、面向对象的分布式数据库技术、数据广播等方面跟踪国际先进技术，已经形成了自己的产品，包括数字图书馆开发软件平台、数据广播产品、广电网络网管产品等。中央党校数字图书馆工程在国家863和中国数字图书馆发展战略组的合作开发下，按照中国数字图书馆标准规范，利用863研究成果采用自主性数字图书馆开发平台，跟进国内外先进技术，并结合实际情况实施建设。

2. 资源建设

中共中央党校图书馆已有70多年的建馆历史，截至2001年馆藏图书报刊资料已近30万种、140万册。藏书结构合理，重点学科文献资源完备，已经基本形成了以马克思主义经典文献为核心，以专业教学和研究文献为重点的具有党校特色的藏书体系。[99]数字图书馆的建成使中央党校的数字化文献资源得到更广范围的利用，使其服务全国党校。目前中央党校数字图书馆共有19个数字文献数据库，其中包括7大类的专题数据库：[100]

• 马克思主义研究数据库（包括：马列主义研究数据库、毛泽东思想研究数据库、邓小平理论研究数据库）；

• 中国共产党党建党史数据库（包括：中共党建数据库、中共党史数据库）；

• 当代政治数据库（包括：当代外国政治数据库、当代中国政治数据库等）；

• 当代经济数据库（包括：外国经济数据库、中国经济数据库等）；

• 当代科技数据库(包括:外国科技数据库、中国科技数据库等);

• 当代文化数据库(包括:新闻出版、文学艺术、教育、文化事业等数据库);

• 党校教育数据库(包括:教学、科研、学员等数据库)。

中央党校数字图书馆的建设规划,坚持"分布、联合、先进、安全、可靠、开放"的原则。随着全国党校系统数字图书馆建设的不断扩大和资源技术共建共享工作的进一步开展,今后以中央党校数字图书馆为核心的全国党校系统资源库统一管理平台将逐步完成,各省市级党校作为中心资源库的子库实现分级管理、建设,使全国党校系统的特色数字图书馆与特色资源库成为我国数字图书馆整体建设中的亮点工程。

(四)地方党校数字图书馆服务现状

2004 年 12 月,中央党校办公厅正式发文成立"全国党校系统图书馆数字化建设评估工作领导小组"。从 2005 年 1 月开始,评估小组对全国省、自治区、直辖市、铁道部、新疆生产建设兵团及副省级党校图书馆的数字图书馆建设工作进行评估。截至 2005 年 10 月,全国省级、副省级的党校图书馆大部分都初步完成了图书馆数字化过程,进入数字资源的网络化应用阶段,开始具备数字图书馆的功能。近年来,各地市党校数字图书馆建设的投入经费也在不断增加,硬件设施逐渐完善,网络与自动化应用得到普及,书目数据库建设的同时通过外购数据库等方式加强数字资源建设,馆际间的资源共建共享工作开始起步……党校数字图书馆的功能作用逐步显现。

目前,中央党校,江苏、浙江、四川、河南、北京、福建等省市及杭州市委党校、宁波市委党校等少数地市党校建立或正在建立专题性全文多媒体数据库。上海市党校图书馆在数字化建设中,建立了"中国社科参考信息数据库"、"上海市干部教育系列数据库 7 个子库"。浙江全省党校系统对数字图书馆建设的总投入已达 500 多万元,2008—2010 年目标形成基本覆盖党校优势学科和基本学科的数据库群,并利用全省党校系统的虚拟专网形成浙江省党校系统数字图书馆网络,实现全省党校系统图书馆在线采购、联合编目、网上检索、参考咨询、资源共建共享等功能。北京、江苏、福建、陕西、重庆等地党校图书馆的特色与专题数据库也已形成一定规模,拥有稳定的访问量。

相对于各直辖市、省级以及东部地区市级党校图书馆的迅速发展,西部地区和地市级城市的党校数字图书馆发展进程则显得滞后许多。这涉及许多因素:一是建设经费紧张,而数字图书馆建设需要投入费用较高;二是主观上对数字图书馆建设重要性的认识缺乏,观念落后;三是人才队伍专业素质较低,很难在数字图书馆建设中发挥出作用。

五、全国文化信息资源共享工程

全国文化信息资源共享工程,简称"共享工程",其服务对象非常明确,主要是广大基层群众,尤其是广大经济欠发达地区的农民群众。

由于服务群体和地域分布的特殊性,在资源的组织、传递手段等方面都于数字图书馆的资源建设与服务存在很大差异。

全国文化信息资源建设管理中心以全国普遍使用资源为主,各省级分中心及有条件的市县支中心以地方特色资源为主,共同努力,扎实推进优秀数字文化资源的建设。截至2008年,共建成65TB数字资源,其中国家中心整合加工约13TB,其他各级中心整合加工约52TB。

"共享工程"中的信息资源建设特点表现得十分鲜明:一是紧扣农民求富裕、求健康、求文明的需求,着力整合和精心打造了包括国家政策、法律法规、历史文化、农业科技、技术培训、医疗卫生等各方面内容的信息资源库,建成了一批以促进农民增产增收信息为特色的分布式资源库群;二是力求使信息内容通俗易懂、形式多样,富有民族风格和乡土气息,重点建设起了一批能够满足农村文化需要的讲座、戏曲、图书、电影、文化专题资源库。

"共享工程"传递的信息都是经过数字化加工处理过的,因此存储、传输的渠道更多地需借助于高科技手段,如互联网、卫星、镜像站点、移动存储、光盘等。由于中西部地区通信设施比较落后,还不能完全实现互联网传输,只好借助于卫星传播方式;而有的地区可以用电视机加机顶盒的方式接收信息,有的地区则只能通过刻录光盘的方式将信息送到农村基层群众的身边。不过,近年来,共享工程为一些基层文化站点配备了集信息存储和播放为一体的专用设备,不仅操作简便,还可以由上级中心定期或按需对信息资源进行更新,大大方便了边远落后地区对"共享工程"文化信息资源的利用。

"共享工程"十分强调不同地区应根据本地实际来选择适当的信息传递手段,这使文化信息资源的共享手段呈现多样化。以文化信息资源共享工程河南省分中心为例,该分中心为了更好地向全省农村基层群众提供文化信息服务,采用了多种方法,如:采用 VPN 技术在郑州市庙李乡建立图书、期刊外借点,向郊区农民提供省图书馆丰富的文献信息资源;采用远程在线方式,向安阳林州市图书馆、洛阳偃师市图书馆提供重庆维普全文电子期刊与超星"读秀"电子图书;利用虚拟参考咨询服务(Virtual References Service,简称 VRS)服务方式,向新乡七里营刘庄、漯河南街村分别提供了棉铃虫防治和食品加工数据库资源;利用共享工程卫星小站,为驻马店确山县竹沟镇文化站等全省数百个基层站点送去了丰富多彩的文化信息。他们还与河南省"农村党员利用现代远程教育试点办公室"合作,采用"宽带网络 + 机顶盒 + 电视机"的模式进行"共享工程"文化信息资源的接收和播放,做到了花钱少(一个基层站点仅需 3000 元)、操作简便(只需用遥控器点击)、运行成本低(每月只需 10 元上网费)。

正是通过各具特色的不同传递手段,"共享工程"将各种丰富的文化信息直接送到了群众身边,保证了文化信息资源服务能够最大程度地覆盖全国城乡。[101]

第四章　国家数字图书馆服务框架

第一节　国家数字图书馆服务框架界定

一、国家数字图书馆建设目标

国家数字图书馆工程是国家“十五”期间的重点文化建设项目，于2005年开工建设，预计2012年完成全部建设任务。项目分为两个阶段实施：第一阶段截止日期为2008年9月9日二期新馆开馆，这个阶段以硬件基础设施平台搭建为主，采用成熟技术和产品，使国家图书馆已经建成的数字资源在短时间内为用户提供服务，目前此阶段任务已完成；第二个阶段为二期新馆开馆至2010年，将围绕数字资源生命周期管理的四大应用系统开发工作展开，最终搭建完成以计算机、网络技术、存储技术、软件框架技术、应用模式技术为一体的国家数字图书馆系统。[102]截至目前，国家图书馆已累计启动68个子项目，[103]涉及技术支撑环境建设主导项目、资源建设主导项目、服务体系建设主导项目、标准规范建设主导项目四大类。在硬件环境建设方面，目前，二期主机房装修、网络系统、存储系统、无线射频识别（RFID）系统、无线网络系统、数字印刷系统、二期读者用计算机等已投入使用。与中央党校、科研网、教育网、广电总局的千兆光纤连接也在开馆前连通。其余硬件项目，如集群系统、光盘库、文献数字化加工中心等，也于2008年年底前开通运行。[104]

国家数字图书馆建设的总体目标包括：建设世界上最大的中文数字信息保存基地，建设支撑数字资源生命周期管理的技术支撑平台，建设世界上最大的中文数字信息服务基地以及与其他系统的连接，为其他行业性、地区性数字图书馆系统提供服务支撑，为全国文化信息资源共享工程提供服务支撑。

国家数字图书馆工程的服务目标是：面向国家图书馆的四类主要服务对象分别提供专门服务。

国家数字图书馆工程的主要技术目标包括：普通纸质文献数字化加工能力为30万册(件)/年；缩微介质数字化加工能力为300万拍/年；本地与灾备存储，在线存储能力150TB，近线存储能力150TB，离线存储能力≥360TB；二期馆区具备3000个以上信息点的接入能力，主要阅览区、会议区、室外休息区具备无线接入能力；互联网资源输出能力大于1000GB/天；接入超过3G/S带宽能力；2亿条以上结构化元数据的检索能力；平均100 000次检索请求/分钟能力，峰值10 000次检索请求/秒能力，可以进行1亿页全文检索，可以进行古籍全文检索。[105]

二、国家数字图书馆服务框架设想

国家数字图书馆服务框架的搭建与实施基于一个统一的原型理念，那就是遵循数字资源整个生命周期过程：[106]包括采集、组织、整合、保存和服务在内的完整系统，以天然的服务流程为序组织管理，坚持元数据库的自建与购买相结合原则，形成完备的数字资源生成体系，并参照国际通用标准，建立适合我国数字化发展的管理模式，全面提升传统图书馆业务水平，开发新型服务方式，最终形成以读者服务为最终归宿的多渠道、多终端的虚拟网络服务平台。

在整个框架图中，安全保障体系和标准规范体系分列两旁，成为国家数字图书馆服务框架实施的保障和依据。处于中心位置的是反映了数字资源生命周期特征的关键技术流程，其排列呈现如图4－1。

底端的基础设施层是整个系统的基础设施平台，硬件以先进的网络设备、应用终端(手持阅读器、电子触摸屏等)、标准的Unix主机、基于Linux的机群系统、SUN存储网络系统为主；软件系统以成熟的数据库、基于内容管理的框架为主，运用3G网络和GPRS技术辅助，并配合具体的应用需求进行相应的软件开发；技术标准采用相关的国际、国家、行业标准。[107]

资源采集层对应数字内容的创建工作，采集方式包括了缴送、购

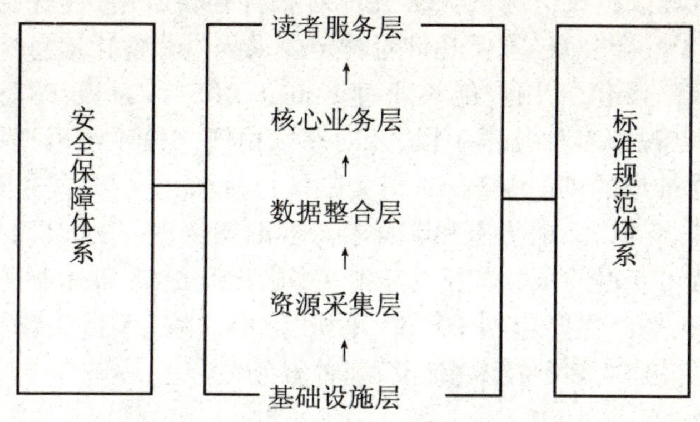

图 4－1　国家数字图书馆总体框架图

买、交换、赠送、复制等传统采选模式，也包括了自建和互联网获取等新兴形式；[108]数字内容格式以文本、图像、音视频等多种形式存在，尤以元数据库、网络电子资源库为主，是数字资源服务框架的基础层面。

数据整合层是针对数字资源所进行的，包括元数据（著录、标引）制作、元数据管理、元数据互操作等一系列对象数据管理和整合。

核心业务层集中了数字资源的组织加工、保存和服务功能。自采和缴送而来的各种介质的资源，经过文献加工与数字化，转换成线形的有序的数字资源，进行合理的排序与编目，方便进行数据的长期存储和管理；同时，应用必要的数字图书馆管理系统（DLMS）对读者发布服务，提供 OPAC 检索、电子文献检索、在线音视频服务和个性化信息服务。

处于顶部的读者服务层既是国家数字图书馆服务框架的重中之重，又是该工程预期要达到的目的与归宿。读者服务层主要面向国家图书馆的四类常规服务对象：中央国家机关、科研生产单位、社会公众、文献信息机构。特色性和异质性是提供此类服务的重点。对于中央国家机关，主要提供针对重大事件或专门主题的信息推送服务，并在立法决策过程中提供信息与知识服务；对于重点科研、教育、生产单位，主要提供针对重点科研项目或重大生产活动的信息推送服务，根据数字资源的版权情况最大程度地对教育和科研用户提供数字资源服务；对于社会公众，主要是针对特定要求提供个性化信息推送服务，并拓展服务渠道，使用户能够通过 E-mail、BBS、留言板、即时交流、手机、数字电视等多种技术手段，及时获取由图书馆系统根据用户关注点所自动推送的即时信息；对于文献信息机构，主要是提供全国联合编目、馆际互借、文献传递和联合参考咨询等服务，并为其服务提供支撑。读者可获得的服务包括检索服务、导航服务、多媒体服务、培训服务等，服务平台主要包括 OPAC、手机、数字电视、手持阅读器等。图4-2为已搭建的多种技术整合型读者服务平台。

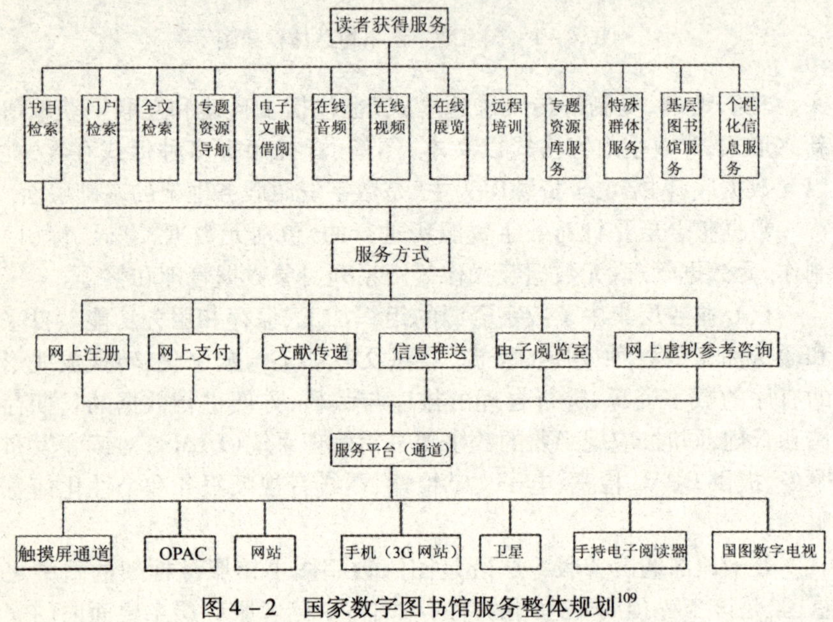

图4-2　国家数字图书馆服务整体规划[109]

第二节　理论模型

与数字图书馆服务相关的各个要素与概念中，影响数字图书馆服务功能的有 6 个核心要素：环境（Environment）、用户对象（User）、功能（Functionality）、服务内容（Content）、架构（Architecture）和质量评价（Quality）。

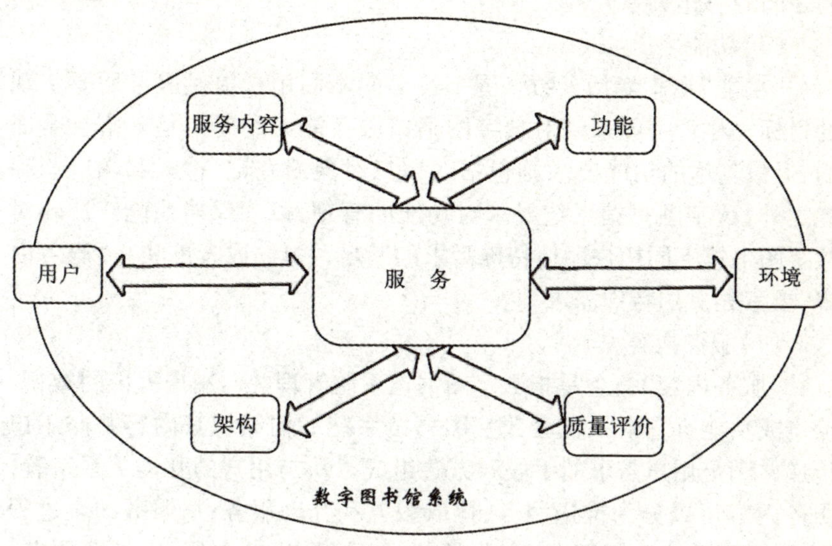

图 4－3　数字图书馆服务整体模型与六要素

(1)环境

数字图书馆所处的环境客观上影响着服务的手段、实现的方式、实际效能等各个方面。“环境”这一概念代表着在用户和数字图书馆之间存在的起到关联和调控作用的一整套或一系列条件、规则、条款和政策法规等，既包括虚拟环境，也包括现实环境。环境可以分为多个层次，并不是所有的环境都只发生在数字图书馆系统内部，它可以区分为内部信息环境和外部信息环境以及社会人文环境。

(2)用户

“用户”这一概念覆盖了与数字图书馆发生相互作用的不同参与者（无论是人或者机器）。数字图书馆通过信息和服务将不同的参与者连接在一起，支持和协助他们消费信息并利用信息进行创新应用以产生新的信息。用户是一个伞状的概念,包含了在数字图书馆中能够代表和管理参与者实体的所有相关概念,它包含的元素包括参与者在系统中的拥有权利、参与者档案(参与者个性化的系统行为特征或他们之间的协作关系)等。

(3)功能

"功能"概念囊括了数字图书馆面向不同用户提供服务所要实现的目标。尽管一般来说对数字图书馆服务能力的期望是丰富且全面的,但最基本的功能要求则包括对信息对象的登记、检索和浏览。除此之外,数字图书馆系统寻求对功能的管理,以确保功能能够反映对数字图书馆不同用户团体特殊需求的满足,并且/或者反映与"服务内容"要素相关的特殊需求。

(4)服务内容

"服务内容"概念是指数字图书馆系统管理并向用户提供的数据、信息或功能。它由一整套数字图书馆系统如何组织其内容并向用户传递并满足用户需求的手段和方式组成。从与用户的互动关系来看,服务内容可以分为推送服务、拉取服务和互动服务;从服务的全过程来看,可以分为一般服务、商业服务、创造服务、注释服务、馆藏服务、储藏服务、登记服务等。[110]

(5)架构

"架构"概念涉及数字图书馆服务系统实体间的相互关系,是数字图书馆提供的功能和服务及其他各要素之间的关系图。架构之所以成为数字图书馆服务模型中的一个核心概念,是因为:①数字图书馆服务系统是一种先进且复杂的信息服务系统;②数字图书馆系统之间的互操作问题通常被认为是一个重大的研究挑战。一个清晰的架构框架为解决以上两点难题提供了一个有力的依据。

(6)质量评价

"质量评价"概念表示可用于量化和评估数字图书馆服务行为及其质量的一整套体系和参数。质量评价不仅与每一类服务内容或服务功能相关,还与每个具体的服务和信息对象相关。在评价的参数中,有一部分是客观的并可以自动进行测量,同时还有一部分是主观的,需要通过用户评估等方式进行。

第三节　环境

伴随社会的进步、信息化网络化的加强、出版行业的繁荣,数字图书馆的服务环境也呈现越来越复杂的趋势,下面将从数字图书馆服务的内部信息环境、外部信息环境及社会人文环境 3 个方面对其进行介绍。如图 4－4 所示。

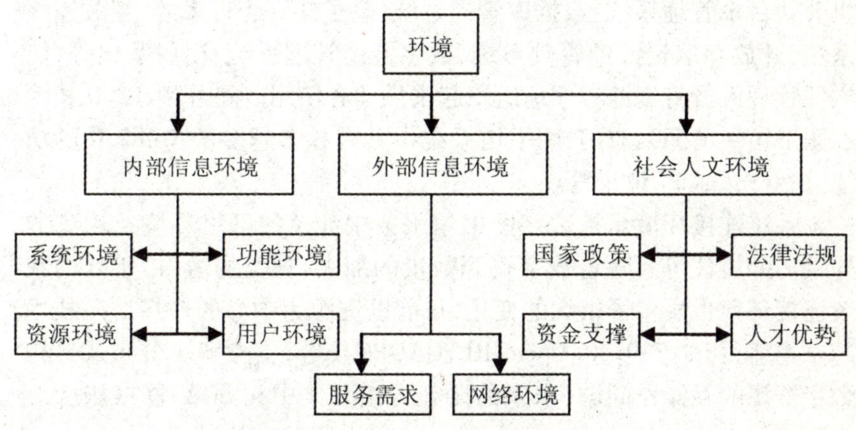

图 4－4　数字图书馆的服务环境

一、内部信息环境

数字图书馆服务的内部信息环境主要包括系统环境、资源环境、功能环境、用户环境 4 个方面。[111]

(1) 系统环境

系统环境是实现数字图书馆服务的基础,包括硬件环境、资源管理环境及系统连接环境。

硬件环境主要指能使数字图书馆服务得以开展的馆舍、建筑装饰、服务器和电脑等。从建筑环境来讲，图书馆不仅能提供普通的阅览室，还要提供展览厅、报告厅、活动室等，并为用户营造美好的视野环境和良好的阅读环境，同时，图书馆的通风、采光、温湿度等环境是影响读者潜意识的背景环境。服务器性能的优劣不仅影响管理人员的工作效率，图书馆管理系统是否能稳定运行，还影响读者查找资源的效果。硬件环境在服务中扮演辅助者的角色，不仅可以吸引或者阻碍读者利用图书馆，还可以左右读者利用图书馆能否圆满地达到自身的目的。[112]

资源管理环境包括数字图书馆服务中用到的一些管理系统，如联机公共目录管理系统、数据库管理系统、电子期刊管理系统、开放连接系统、开放存取资源的管理系统、数字资产管理系统、注册系统等，能方便管理人员将资源有序地组织起来供读者使用。随着 Web2.0 技术在图书馆中的深入应用，图书馆系统中具有越来越多的 Web2.0 的功能，如 RSS、标签、评论等。

系统连接环境是指数字图书馆服务中涉及的网络环境及用到的连接访问协议等。随着数字资源数量的加大、种类的增多，所处的系统连接环境也发生了很大的变化，目前以资源为中心的连接访问技术越来越盛行，如 Z39.50、OpenURL、OAI-PMH 等，重点解决分布式异构数字资源的互操作问题，未来的研究将主要集中在 SOA、网格服务等方面。[113]

(2)资源环境

数字图书馆的信息资源具有存储虚拟化、传递网络化、存取自由化、类型多样化、数量增长很快、服务类型多样化等特点。各类纸质文献资源、因特网资源、原生数字资源等信息资源都以几何级数增长，数字资源的度量单位由 KB、MB、GB 发展至 TB 甚至 PB，存储介质由传统的纸质转变为多种媒体、数字信号，可以处理多种媒体的信息如文字、声音、三维动画、虚拟空间等。目前数字资源的请求与传递方式主要有到馆访问并借阅或下载、远程浏览访问、文献传递等；由于没有相关图书馆法的保护，数字版权的征用面临很大的困难，很多没有版权但已经保存起来的资源无法向公众开放。数字资源长期保存主要涉及标准的选择、存储介质的选择、维护数字信息的长期真实可读。[114]“从总体上讲,我国还没有建立起可靠的数字资源长期保存体系”。中国工程院院士、国家科技文献中心副理事长胡启恒认为,“数字资源长期保存所需要的经济技术支撑机制、法律责任、投资要求、管理权限、公共服务约束等还没有建立,实际上多数数字资源还面临着由于无明确保存政策、无长远经济保障、无可靠保存系统、无有效恢复与保障服务机制而带来的难题”。张晓林认为,“当前,我国数字资源长期保存面临严重的技术危机”。数字介质本身的不稳定性、必须依赖的技术条件、技术条件本身的不断变化等,都可能造成数字信息无法利用。[115]

(3)功能环境

功能环境主要包括安全环境、访问环境、数字版权管理环境。[111]数字资源的安全环境主要包括网络安全及资源的存储安全。网络安全包括反病毒、防火墙、虚拟专网以及数字加密等。资源的存储安全主要是选用优质设备进行管理,并且在使用的时候电源采用专线并配备稳压电源等。目前这些都已比较成熟。数字资源的访问环境主要是指针对不同资源开放相应的访问权限,比如是否可以远程访问,是否可以浏览或下载原文,还有访问权限的控制方式,是通过用户名密码进行控制还是通过网络 IP 地址控制。数字版权管理环境,对已获得版权的资源根据获得版权的类型提供相应的服务,如目录、摘要、全文等,以及对它们的管理,还有对未获得版权的资源通过一种什么方式可以更方便地获取,针对不同类型的数字资源制定不同的获取数字版权的策略。

(4)用户环境

用户环境包括用户注册、隐私、个性化等方面。[111]目前用户注册技术已比较成熟,注册方式比较简单,界面也很友好,但是存在一个问题就是很多系统都有自己的注册功能,由于系统比较多,用户检索不同的资源需登录不同的系统,非常麻烦,图书馆工作人员也一直寻求一种好的解决方式,实现各管理系统的一站式登录功能。普通用户只能看到自己的浏览检索过程、已借图书等信息，目前的系统基本都能保护用户的隐私。另外，读者也可以根据自己的喜好定制访问界面、将感兴趣的资源保存在自己的空间或发送到邮箱，可以提供比较完善的个性化功能。

二、外部信息环境

数字图书馆的外部信息环境主要包括用户对信息获取的需求及对数字图书馆发展的期望，还有数字图书馆所在的网络环境的现状及网络技术的发展，对数字图书馆的服务有一定的启示作用。

(1)巨大的数字化服务需求

目前，我国的市场经济蓬勃发展，众多企事业单位之间都存在竞争，这些企事业单位希望图书情报部门能够提供专业的数字化咨询服务。但是，多数图书情报部门限于观念、专业等原因很难满足这样的需求，这就造成数字化服务市场需求与供给严重不平衡，而这种不平衡也正是推动图书馆数字战略实施的内在动力。2008 年北京奥运会为我国数字化产业发展带来巨大机会。北京市为奥运会建设了包括通信系统、广播电视系统、信息系统等在内的 16 个大项、100 多个小项的数字化设施。建设这些项目不仅是服务奥运，更是希望奥运后继续服务社会大众，这无疑也为图书馆数字战略实施提供必要的基础设备和技术支持。[116]

数字技术、网络技术的发展使人们的阅读习惯从传统的纸制文献过渡到以电子书籍、论文、音视频为主，获取信息的途径主要通过网络。另外用户对数字图书馆服务的要求也在不断提高，希望能够得到快速、准确、全面的服务，能够通过数字图书馆提供的服务利用信息。基于此，目前数字图书馆的服务模式也在不断递进和完善，由最初的基于数字化资源发展到基于集成服务再到基于用户的数字图书馆，数字图书馆开发的基本点也从信息资源过渡到服务机制再到用户的活动。

(2)网络信息环境

• 互联网的普及：网络促使 21 世纪成为信息时代，随着数字地球概念以及技术、应用领域的发展,数字图书馆已成为数字地球家族的成员,它既为信息高速公路提供了必需的信息资源,又是知识经济社会中重要的信息资源载体。图书馆设备现代化管理也伴随着网络信息时代的到来而发生了相应的变化。电子文献信息服务已逐渐成为图书馆主要服务内容之一。图书馆的基础是书刊文献信息资源,而网络情报的基础是数字信息资源。信息产业是知识经济的支柱,随着社会的进步和科技的发展,人们对信息的需求与日俱增,反之社会的进步又促使信息生产量的飞速增长,电脑网络的普及和电子出版物等新型手段使得信息的发布和使用更便利。这样的形势对网络图书馆来说,信息的收集费、处理费和存储费也相应不断增大。

• Google 数字图书馆计划:谋求把快捷的检索功能和图书馆信息的精确性结合起来。2004 年年末,Google 宣布与密歇根大学、哈佛大学、斯坦福大学、牛津大学及纽约公共图书馆 5 家大型图书馆合作,将其数千万册馆藏图书数字化,使这些图书信息可以通过互联网检索。Google 计划为数字图书馆建设开拓了广阔的前景,加快了数字图书馆建设的步伐,当前世界各国数字图书馆计划正在启动,美国国会图书馆的“美国记忆”工程、英国大不列颠图书馆的数字化工程、中国国家图书馆牵头的“中国数字图书馆工程”都正在紧锣密鼓地进行。但是,要完成这样浩大的数字图书馆工程,对图书馆来讲,将需要相当长的时间,且由于图书馆人力、物力、财力与技术的限制,也是不大可能的。借助 Google 这一商业资本和其无损快速扫描技术、严格的质量检测、OCR 转换来进行大规模数字化运作,无疑会降低成本、提高速度,使图书馆无需投入任何资金就可以实现馆藏资源与数字资源的无缝连接;另外,Google 拥有雄厚的资金流、先进的信息组织和搜索技术,以及庞大的用户群体,Google 同图书馆的合作有利于吸引读者回到图书馆,充分发挥图书馆为用户服务的作用,实现馆藏资源最广泛的共享,提高图书馆在参考咨询服务中的资源利用率;[117]同时,通过该项目,用户可以通过 Google 检索到图书馆的规范化数据。另外百度与北京大学图书馆也签订独家战略合作框架协议,用户可以通过百度搜索北大图书馆的数字图书内容。

• OGSA：开放式网格服务体系结构（Open Grid Services Architecture）被称为下一代网格体系结构，它是一种基于网格服务的分布式交互计算体系结构，用来确保异构系统间的互操作性，使不同类型的系统可以相互通信、共享信息。它是一种以服务为中心的“服务结构”，实现服务共享。它是在 Globus 基础上，结合最新的 Web Services 技术提出来的网格技术，利用 Web Services 定义了 WSDL（Web Services Definition Language），WSDL 定义了服务访问的参数及其类型，所有的服务都遵循指定的网格服务接口和行为，网格服务的标准接口包含多重绑定和实现。OGSA 的中心思想是：以服务为中心的模型；统一的 Web Service 框架。OGSA 的发展可以促使数字图书馆进入一个重要阶段。

• 其他网络技术环境：包括一些标准及协议的应用，如用户描述数据文档中数据的组织和安排的结构语言 XML，Z39.50、OpenURL、Web Services 等互操作协议。XML 是 SGML（Standard Generalized Markup Language，标准广义标记语言）的一个精简的子集，它的产生就是为了提供一种标准的内容传输格式，独立于任何特定设备、软件或表达方式，通俗地说，XML 不带有任何格式，仅用于描述数据内容，XML 文件一旦被丰富的结构和语义进行标注，这些文件就可以提供异常复杂的检索方式，也可以用于不同产品的表示方式，例如，在线 HTML、PDF 或者纸质印刷等。[118]互操作协议的应用使异构系统之间的互操作更容易实现，可以提供资源的共享及使用。

三、社会人文环境

数字图书馆的人文环境主要包括国家政策、法律法规、资金支撑及人才优势。

（1）国家政策

国家领导对图书馆数字战略规划实施非常重视。1999 年 12 月，国务院办公厅下发国办发［1999］103 号公报，决定成立“国家信息化工作领导小组”，其职能之一就是“组织协调跨部门、跨行业的重大信息技术开发和信息化工程的有关问题”；2000 年，文化部向国家计委提交了《“国家图书馆二期工程暨国家数字图书馆工程”项目立项建议书》，该项目可行性研究报告在 2002 年 12 月通过国务院批准；2007 年 5 月，国家图书馆启动“国家图书馆数字战略研究”作为国家图书馆重大科研项目。

(2)法律法规

由于我国没有图书馆立法，公共图书馆缺少法律赋予的更多公权力，因而在制定实施数字战略时就会遇到诸如数字资源的版权、知识产权等纷争和难题，既难以全面开发利用充足的数字资源，也难以向社会各企事业单位提供急需的数字资源服务。这种数字资源开发能力与需求之间的矛盾仅靠暂时的规章条例来调和是远远不够的，需要法律的介入来赋予公共图书馆更多的公权力，从宏观上讲这既是图书馆业发展的诉求，也是我国社会经济信息化进程的诉求。

(3)资金支撑

公共图书馆是政府管理下的公益性文化事业单位，享受国家财政支持。所以，稳定的经费保障成为数字战略建设的前提条件，项目建设不会像其他商业项目一样因为是否赢利而搁浅。在网络方面，多数公共图书馆拥有千兆位以太网络，与中国计算机公用网、中国教育科研网、中国科技网等众多不同类型网络高速互联。公共图书馆自身的管理系统也在不断升级，例如，ALEPH500 计算机综合管理系统已在国家图书馆全面投入运行。此外，公共图书馆对于各种书目数据库和各类专题数据库的管理也日趋科学化和规范化。

(4)人才优势

人才供给层面，根据 2007 年公布的《中国研究生教育分专业排行榜》，我国已拥有 35 个图书馆学、53 个情报学硕士研究生培养单位，每年可培养出大量高层次图书馆从业人才。而作为人才需求方的公共图书馆，也在积极制定人才培养计划，吸引高层次人才来馆工作。2006 年 7 月，国家图书馆启动“创新人才计划”，旨在培养年龄层次科学、专业结构合理的“创新人才”梯队。省级公共图书馆中，2008年4月，吉林省公共图书馆人才培训基地在长春师范学院揭牌成立，基地建成后将充分发挥高校图书馆在人才、资源、技术方面的优势，推动基层公共图书馆数字化服务水平和业务能力的提高。

第四节　用户对象

一、用户对象定义

数字图书馆服务的用户主要是指与服务系统相关的一切个体。从对象的性质上可以分为人和非生物实体，例如程序或者一些机器设备。后者可能也包括图书馆提供给读者的一些订购服务。图书馆的读者通过这些服务能获取数字图书馆对外的服务内容（可以是资源，也可以是服务），也可能通过数字图书馆获取的服务是其他数字图书馆的服务，其他数字图书馆的服务是本馆服务的一部分。关于硬件和软件在图书馆中能否成为“用户（User）”，在一些数字图书馆模型中存在分歧，DELOS将“用户（User）”用图书馆服务的“执行者（Actor）”来表示，[119]这在中文中并没有实质的区别。本书中，统一还是以“用户对象”来表示。

数字图书馆中的多数服务，最终可能是被终端的用户——读者所使用。例如，我们面向读者服务的数字资源服务，提供参考咨询服务的实时参考咨询工具。但也有一些服务，它的设计和使用是由其他程序或者机器来完成。例如，实现浏览器和参考咨询服务的整合，点击网络浏览器工具条上的一个按钮，就能实现与咨询馆员的对话，其实中间的程序是由机器完成。还有图书馆可以将它的服务分解成很多细小的服务，嵌入到读者用户的工作学习过程中。例如，国家图书馆可以将馆藏目录查询系统嵌入到读者的自学习系统中。或者在设计有关服务系统中嵌入搜索工具，利用自动搜索工具，为读者搜索网络上的免费学习课件。无论是到馆或者远程终端用户，他们希望图书馆能实现的是“一站式”服务，实现这些服务的中间环节，他们是不关心。

但在构建规范服务框架过程中,很重要的一点是要考虑服务的标准性、规范性,使服务不仅能在图书馆内部,还要在其他领域促进交流、协作和互操作。

从项目管理或者说服务系统生产流程来划分,可以将服务面向的对象划分为:系统设计者、系统管理者和系统程序研究者。

二、用户对象细分

根据之前对用户对象的划分,可以参见图 4－5。具体的用户对象在数字图书馆服务框架中的作用和地位介绍如下。

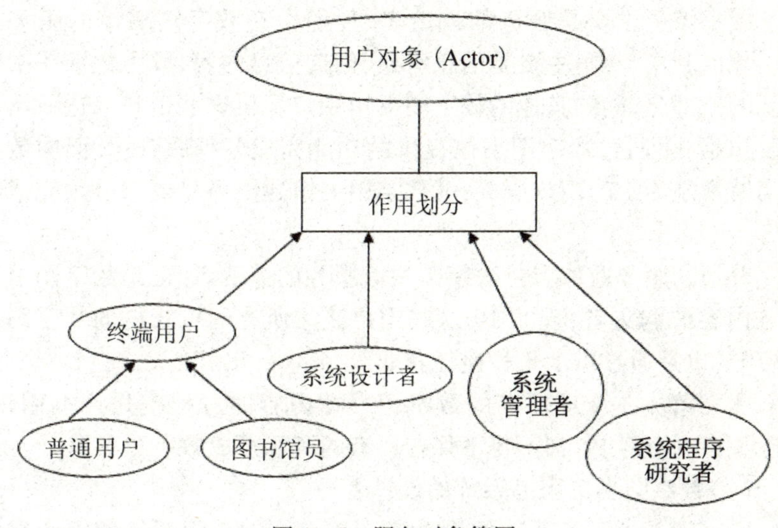

图 4－5　服务对象简图

(1)数字图书馆终端用户

因为数字图书馆服务的终端用户提供、使用和管理数字图书馆的服务内容,这一模式包括对图书馆员的分类。例如,图书馆员作为编目人员和保存人员,他们的工作主要是支持图书馆服务。一些图书馆员也面对面地和图书馆的读者打交道。作为数字图书馆服务领域,没有物理的实体代表数字图书馆服务,这些用户对象多数是通过系统获取服务。因而,在用户体系的构建中,数字图书馆服务的用户对象很多是由系统来承担的。

数字图书馆终端用户主要是利用图书馆提供的功能,从事提供、使用(消费)和管理数字图书馆的内容和其他活动。他们将数字图书馆视为一个能提供他们功能性需求的主体。数字图书馆的环境主要依赖它的资源、服务和一系列的服务政策。在数字图书馆的生命周期中,用户的输入和激活,随着不同的功能,终端用户可以进一步划分为普通用户和图书馆员。普通服务获取者不参与图书馆内容和服务的创造,只是使用图书馆的服务。

图书馆员主要是服务的创造者,他们生产数字图书馆的服务内容。他们利用资源,主要是信息对象,创造信息内容,成为数字图书馆资源的一部分,能向其他的数字图书馆用户提供这些信息。这一活动主要包括:①通过数字图书馆提供的功能完成各种服务;②面向数字图书馆常规界定的用户服务;③数字图书馆建设质量要求必须完成的内容。

普通的服务获取者是数字图书馆服务的消费者,也是数字图书馆服务内容的购买者,现实中,这些用户使用所有的可获得的数字图书馆资源,也是通过以上 3 种途径获取。

图书馆员在管理保存的数字图书馆内容的过程就是终端用户。实际上,一些使用者都不得不保存所有的资源形成数字图书馆。

(2)数字图书馆服务系统的设计者

数字图书馆服务系统的设计者利用自身的知识开发数字图书馆管理系统设备,界定、本地化和维护数字图书馆服务系统。等同于图书馆的“数字图书馆员”。例如,一些图书馆领导者制定一些规章制度来规范图书馆的活动。图书馆管理者在管理的过程中担任系统的设计者,他需要以此为依据,规划图书馆或者信息机构的服务架构,或者新增某一项服务时,需要明确服务所要达到的目标、服务实现的功能、主要服务对象、服务设计进度、服务系统验收等。

(3)数字图书馆服务系统管理者

数字图书馆系统管理者将数字资源设计者设计的各种系统实现在数字图书馆的功能中,相当于图书馆的"系统图书馆员",例如,一些系统图书馆员具备扎实的技术技能,能够任命其管理数字图书馆服务设计的软件系统。系统管理者需要根据数字图书馆服务框架将系统所实现的功能融于数字图书馆服务系统中,不断改进服务系统,使得服务系统能被用户移植或者使用。

(4)数字图书馆应用程序研究者

数字图书馆应用程序研究者利用数字图书馆管理系统管理各种服务系统,使其成为数字图书馆服务系统的一部分。根据用户的行为和心理特征,以及图书馆服务系统存在的一些问题,向系统设计者提出切实可行的意见,以改进服务系统的效率。

图书馆员在服务框架用户对象中承担着重要的角色。服务框架的对象很多是服务系统的管理员或者面向图书馆服务用户的一线服务者。这两个角色在沟通数字图书馆服务和外界的交流过程中,起着重要的桥梁作用。图书馆员本身就是使用者,同时将外部使用者的意见反馈给系统设计者,促进服务系统的不断完善。

因此,服务架构面向的对象之间的细分也不是绝对的,对其的识别和区分,也是帮助图书馆与信息环境实现无缝交互,并且帮助数字图书馆服务在新信息环境中积极定位自己的角色,而不是处于被动,或者被完全排除在外。

为全面了解数字信息时代用户信息行为的特点,为新形势下数字图书馆的服务提供事实依据,课题组针对传统阅读与数字阅读进行了用户问卷调查(见附录),深入揭示当前环境下,用户的阅读习惯与行为特点,为数字图书馆服务框架的制定提供一定的参考。

第五节　功能

一、什么是功能

一般的观点是,数字图书馆的功能是数字图书馆服务的基础,功能决定服务，功能是数字图书馆提供给各类用户的服务的集合。[120]功能是由某些行为者发起的一系列作用在某种资源上的过程。行为者不一定是人，也可以是机器；某种资源也不一定就是图书馆的数字化资源，也可以是馆员等其他类型的资源。[121]可以说，数字图书馆功能不但支撑着数字图书馆服务，更贯穿于整个数字图书馆业务流程当中，数字图书馆的功能无论是对数字图书馆的服务还是数字图书馆的运行，都有着重要的意义。

对于数字图书馆的功能，DELOS、澳大利亚图书馆、JISC、DCC 等机构都进行了相关的研究，获得了一些成果，提出了相关的概念、框架等，其中比较有代表性的是 DELOS 的数字图书馆参考框架和澳大利亚图书馆的服务框架模型。

在 DELOS 的数字图书馆参考框架中，DELOS 将数字图书馆的功能分为 6 个大类，即资源访问（Access Resource）、资源管理（Manage Resource）、信息对象管理（Manage Information Object）、行为者管理（Manage Actor）、数字图书馆管理（Manage DL）和数字图书馆系统管理与设置（Manage & Configure DLMS）。每大类下还有若干个子功能，用以支撑、完成母功能。

资源访问（Access Resource）：包括了所有的同请求、定位、获取、转换相关的行为。资源访问阶段的主要特征就是该阶段的功能可以帮助行为者快速而且有效地找到他们所需要的资源。该阶段的核心功能是发现，指从一系列资源集合中获取所需要的资源。

资源管理（Manage Resource）：该阶段包含所有同建立、插入、删除、更新、转换等相关的行为。该阶段的行为要么作用在资源上，要么作用在资源的元数据上，主要包括建立、提交、获取、更新、验证、引用等。这些功能可能根据资源类型的不同而不同。

信息对象管理（Manage Information Object）：信息对象是资源的一种，但是其概念比资源宽泛。信息对象可以理解为各种粒度的资源，包括资源的元数据、相互关系与联系等。管理信息对象的过程包括对信息对象的建立、处理和转换等过程。

行为者管理(Manage Actor):行为者包含了在数字图书馆系统中所有可以同数字图书馆进行交互的实体概念,不但指人,也可以是机器。对行为者进行管理,包括信息的注册与提交、登录以及个性化服务等方面。

数字图书馆管理(Manage DL):包括对数字图书馆的日常管理。

数字图书馆系统管理与设置(Manage & Configure DLS):为 DLS 管理员提供对数字图书馆进行设置、监控等操作。

澳大利亚图书馆(National Library of Australia,简称 NLA)服务框架中以两种方式定义服务:可以为终端用户提供一种或者多种有价值功能的系统(ISO 2146 Information and Documentation—Registry services for libraries and related organizations);支持业务流程行为的技术接口(E-Framework)。

NLA 共设置了 60 个业务流程,分布在 7 个服务组中。每个业务流程都可以完成一定的功能。这些都为我们分析数字图书馆系统、构建其功能框架提供了理论基础。

二、数字图书馆功能图

我们以上述的一些研究成果为基础,结合数字图书馆的服务内容及业务流程,从系统角度总结数字图书馆功能图,如图 4 -6。

功能是由某些行为者发起的一系列作用在某种资源上的过程,功能一般具备 3 个要素,即行为发起者、行为内容和行为接受者。我们可以根据功能所作用的对象,即行为接受者的不同,将功能分为 4 个部分:用户功能、行为者功能、资源对象功能、系统功能。每个部分拥有各自的子功能。

(一)用户功能

该部分功能指的是以用户为行为接受者的功能组合,包括了数字图书馆对于数字图书馆用户的所有管理与服务功能,涵盖了从注册到提醒等各种功能,贯穿了用户使用数字图书馆的各个阶段。大体来说,用户功能由以下几个子功能模块组成。

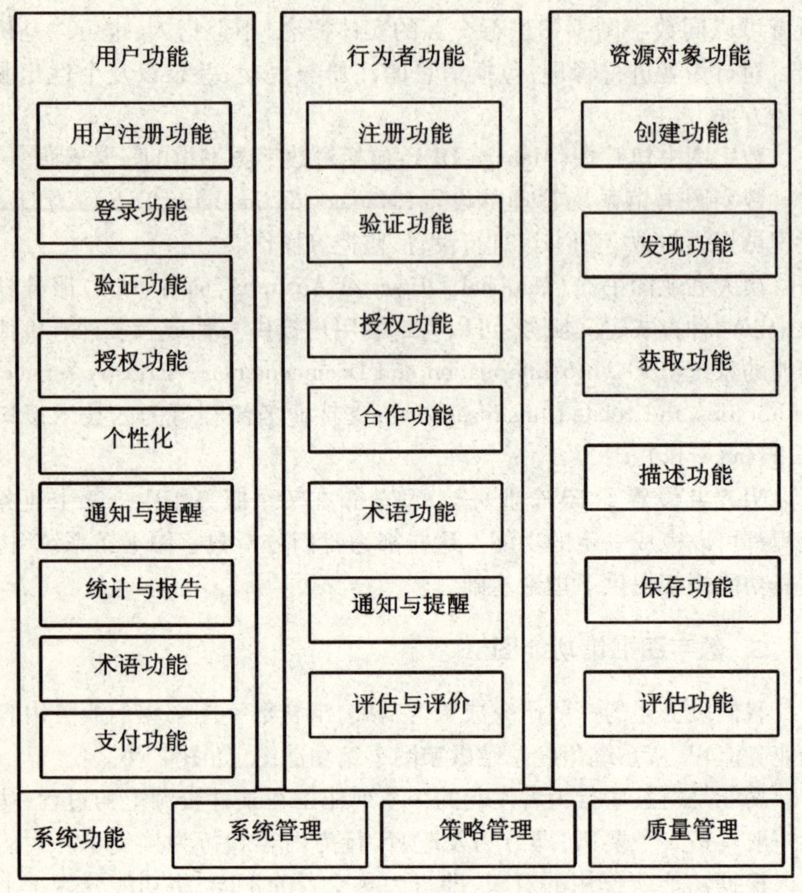

图4-6　数字图书馆功能图

(1)用户注册功能:这是由数字图书馆系统所发起的,由用户提供身份信息,数字图书馆根据用户身份信息生成用户档案。用户既包括个人用户,也包括使用数字图书馆资源或者服务的对象计算机、元数据/数据收割爬虫等自动化实体。

(2)登录功能:用户使用唯一的用户名和密码登录,数字图书馆系统发起,许可用户登录数字图书馆。

(3)验证功能:数字图书馆系统发起,决定用户身份是否有效,是否有权利使用系统与资源。

(4)授权功能:数字图书馆系统发起,分配用户使用资源的权限。

(5)个性化功能:数字图书馆系统发起,保存用户的个性化信息,并在提供服务时参考、更新这些信息。

(6)通知与提醒功能:数字图书馆系统或者馆员等行为者发起,为用户提供更新资源或者最新资源的信息,以及其他管理信息等。

(7)统计与报告功能:数字图书馆系统发起,为用户提供历史信息及资源的使用报告。

(8)术语服务功能:数字图书馆系统发起,为读者提供术语相关服务,包括术语与可控词表或者基于词典的扩展词表的映射。

(9)支付功能:数字图书馆系统发起,用户可以为他们所使用的服务或者资源进行付费。

(二)行为者功能

行为者包括两个含义。第一是数字图书馆的管理员,可以对数字图书馆的各项功能进行设定;第二是利用数字图书馆功能为用户提供服务的馆员、各种机器代理以及所注册的服务。也可以说,行为者是数字图书馆中所有具备服务提供能力的个体。

(1)注册功能:包含两方面的功能,一是对管理员的注册功能,即向数字图书馆提供信息后生成管理员或者馆员的认证信息。二是服务注册功能,即在系统中进行注册服务信息登记,随后可以提供给用户使用。

(2)验证功能:数字图书馆系统发起,对管理员或者馆员的身份进行验证,是否有权利使用系统与资源。

(3)授权功能:数字图书馆系统发起,针对管理员与馆员,分配他们使用资源、功能的权限。

(4)合作功能:数字图书馆系统发起,为馆员或者所注册服务提供合作平台、工具,使其可以进行数据交换等合作行为。

(5)术语服务功能:数字图书馆系统发起,为馆员等行为者提供术语相关服务,包括术语与可控词表或者基于词典的扩展词表的映射。

(6)通知与提醒功能:数字图书馆系统发起,为管理员与馆员提供更新资源或者最新资源的信息,以及其他管理信息等。

(7)评估与评价功能:数字图书馆系统或者馆员等行为者发起,对馆员的服务能力等进行评价。

(三)资源对象功能

这里的资源对象泛指数字图书馆中的各类资源、资源的元数据、资源的集合、资源之间的关系、联系等。我们将对资源对象的管理功能分为6个部分来叙述,这6个部分分别是创建功能、发现功能、获取功能、描述功能、保存功能和评估功能。

(1)创建功能:在数字图书馆资源库中添加新的资源对象的所有功能。

- 创建:通过各种信息创建资源对象。
- 元数据框架注册:提供被其他服务所使用的元数据框架的信息。
- 收割:从多个数据源中获取资源对象。
- 更新:对资源对象进行变更。
- 替换:用新的资源对象覆盖现有的资源对象。
- 删除:从数字图书馆中去掉一个资源对象。
- 呈缴:出版者按照有关规定向系统以主动或者被动的方式提交数据。

(2)发现功能:用户根据自身需求寻找并发现对象资源的过程中所涉及的功能。

- 检索:根据一定条件从数字图书馆资源库中寻找符合要求的资源对象并返回。
- 标识符解析器:根据资源对象的唯一标识符生成访问的具体地址。
- 链接:通过链接访问资源对象。

• 注解:将资源对象同一段记录或者评论联系起来。

• 推送:通过某种技术或方法将对象资源发送到用户指定地点。

(3)获取功能:指用户发现对象资源后得到对象资源具体内容的过程中所涉及的功能。

• 读取:用户获取标识着对象资源的数据流。

• 发布:使对象资源对用户可见。

• 可视化:用可视化的手段展示对象资源及对象资源之间的关系等信息。

(4)描述功能:对对象资源的各种情况进行描述。

• 标签:利用词表对对象资源进行描述。

• 分类:利用可控的有限词表对对象资源进行归类。

• 分析:包括对资源对象的各种角度的分析,例如质量分析、统计分析等。

• 关联:用已经定义的关系关联两个不同的对象资源。

• 资源标识符:用唯一的标识符标识一个资源对象。

(5)保存功能:在对对象资源进行保存的过程中涉及的功能。

• 转换:将对象资源由一种形态转变成为另外一种形态。

• 存档:对对象资源进行管理以保证未来可以对其进行访问。

• 托管:由所注册服务对资源对象进行各种操作。

(6)评估功能:遵循某些规则对资源对象进行评估,并记录。

• 评估:遵循某些规则对资源对象进行评估,并记录。

• 评价与推荐:以某种标准对资源对象进行评价,并按照评价结果进行推荐。

• 统计挖掘:对资源对象集合进行统计挖掘等工作,从中获取潜在的信息。

(四)系统功能

系统功能指的是保证数字图书馆系统正常运行的基础功能,通常这种功能的接受者是数字图书馆系统。系统功能是以上所谈到的 3 种功能得以实现的保证。系统功能包括 3 种子功能,分别是系统管理、策略管理和质量管理。

系统管理指的是数字图书馆中各种系统的日常管理。这部分包含了对数字图书馆中各种对象的管理,例如读者管理、馆藏管理等。

策略管理指的是数字图书馆正常运行中所涉及的各种规则、规范、术语等的集合。

质量管理指的是从不同角度、以不同方式对数字图书馆进行评估、评定,其中包括对读者的评估,对馆员、系统的评估,对数据质量的评估,对服务质量的评估,对系统架构的评估,对系统功能的评估等。

第六节 服务内容

关于服务,NLA 将其作为一个个单一的业务,并用两种方式进行定义:[122]一种是作为一个系统对最终用户提供一种或多种价值的功能(ISO 2146 Information and Documentation - Registry services for libraries and related organizations);另一种是作为一种技术接口以支持业务处理过程(e-Framework)。NLA 的架构图中共列出 60 种服务,并从功能角度划分为 7 个服务组,如图 4-7 所示。NLA 还在文档中描述了某个具体业务在图书馆中是如何起作用的,并可以通过面向服务的方式促进业务的发展。

JISC 从业务处理的工作流角度对服务进行划分,将服务作为一种技术接口以支持事务处理过程,它参照 DLF 抽象服务框架标准,描述了从“发现”到“传递”服务的参考模型。如图 4-8 所示,将 JISC IE D2D(Discovery to delivery)业务需求划分为以下 6 种业务处理过程:Enter、Survey、Discover、Detail、Request、Deliver,而对业务处理过程的描述需要图中的 13 种抽象服务完成,每种抽象服务包含对其功能领域的描述及一个行为和数据的抽象模型。[123]

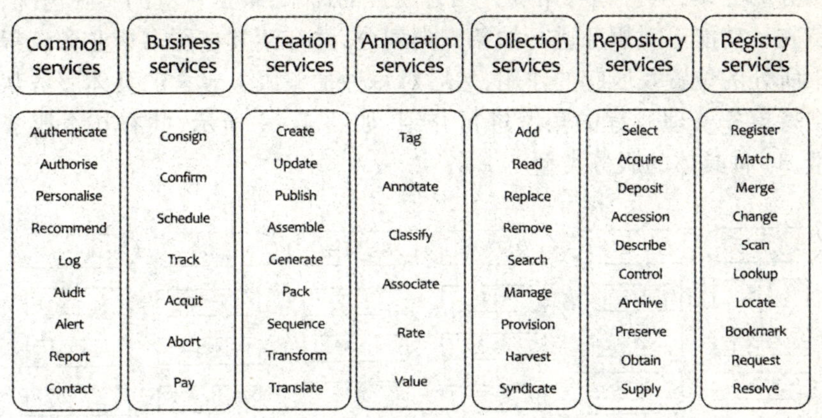

图 4-7 NLA 的服务内容

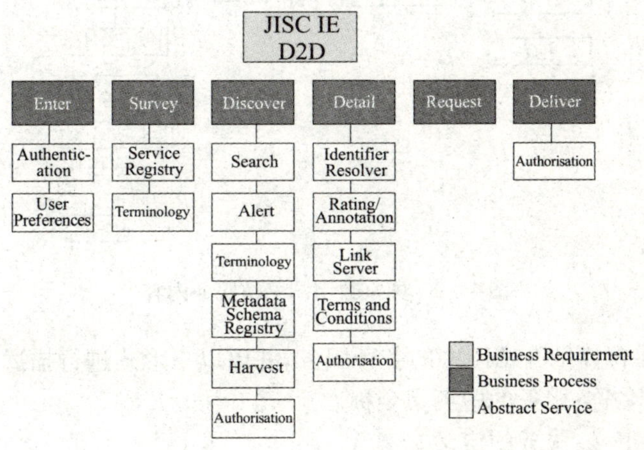

图 4-8 JISC IE D2D 的服务内容

DLF 认为数字图书馆的服务处在一个越来越网络化的环境中，需要我们以共享的理念来组织划分服务，允许其他组织或服务的访问。[124] 国家图书馆基于 DLF 关于服务的思想，综合借鉴 NLA 和 JISC 对服务的介绍，从管理者角度并结合用户的需求，根据自身的实际情况，首先从功能上对服务进行抽象归类划分，并介绍其在图书馆业务流程中所处的位置及所起的作用，然后对每种抽象服务包含的具体服务从支持事务处理过程的角度进行介绍，如图 4 - 9 所示，共有 6 个服务组，34 种具体的服务类型。

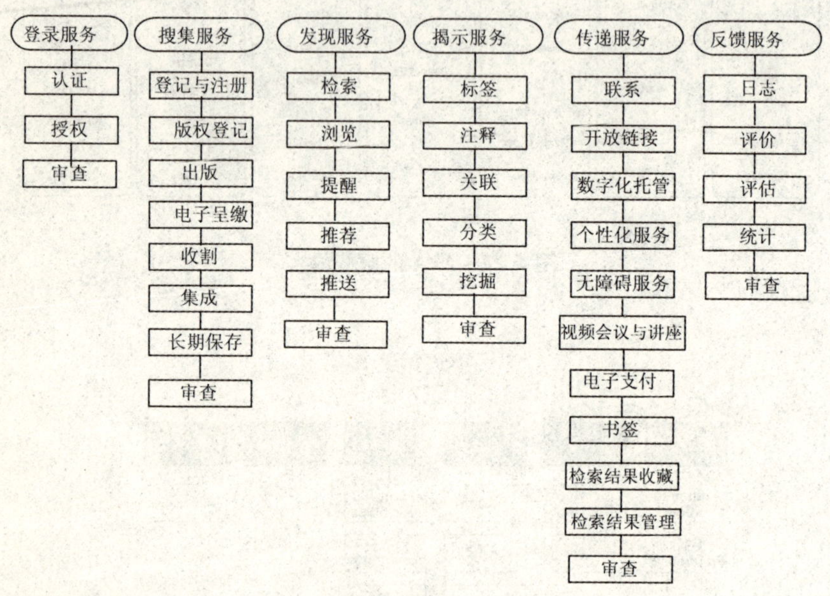

图 4 - 9　国家数字图书馆服务内容

下面将详细介绍图中的各种服务，并以以下形式进行描述：

(1)名称：服务的中英文全称。

(2)定义：服务的定义。

(3)协议：支持该服务实现的已有的标准协议。

(4)系统：图书馆中已存在的支持该服务功能实现的系统。

(5)平台：支持该服务获取的服务通道。

一、登录服务

登录是整个图书馆业务流程的第一步,可以实现用户个性化服务及访问得到授权许可的资源,根据用户输入的认证信息,系统会提供一个包含可访问的资源及感兴趣资源的初始界面。同时,匿名用户对一些资源和功能也是有权限使用的。主要包括认证、授权、审查服务。

(一)认证

(1)名称:认证(Authenticate),其他名称:Authentication、AuthN。

(2)定义:核查由个人或实体提出的身份认证是否正确,用于描述能够使用户通过系统认证的行为和功能;[125]可以检验用户同电子标识符的关联,也可以确定用户具有某种属性或者是某个组的成员;认证人可以是使用计算机的一个工作人员、计算机本身或者计算机程序,认证方式有用户名/密码方式、数字证书方式等,可以鉴别使用者的权限,使用者有最终用户、服务器、用户组等。[126]

(3)协议:LDAP、口令(Shibboleth)、OpenID、SSH(Secure Shell)、证书(Certificates)。

LDAP(Lightweight Directory Access Protocol):即轻量目录访问协议,是跨平台的和标准的协议,用来发布目录信息到许多不同资源,支持 TCP/IP。

口令(Shibboleth):主要应用在 Web 资源共享,以及网络间应用系统的用户身份联合认证。

SSH(Secure Shell):是一种通用的、功能强大的、基于软件的网络安全解决方案。计算机每次向网络发送数据时,SSH 都会自动对其进行加密。数据到达目的地时,SSH 自动对加密数据进行解密。SSH 安装容易、使用简单。

证书(Certificates):是一种安全设置。

(4)系统:需要认证访问的所有系统,如:ALEPH、Metalib、SFX、特色资源管理系统、文献传递系统、网上咨询台、数字资产管理系统。

(5)平台:网站、手机。

（二）授权

（1）名称：授权（Authorise），其他名称：Authorisation、AuthZ。

（2）定义：授权是确定主要成员（principal）可以被允许做什么的过程，确定了根据身份访问系统的权限；授权发生在认证之后，因此可以识别主要成员（principal），授权也可以使用主要成员的属性信息、主要成员想做什么的信息以及作出授权决定所处的环境信息。授权可支持两个过程：第一个是确定主要成员的许可，也就是主要成员可以执行的动作、请求等，这可在认证之后立即确定，主要成员可以根据许可确定更深的行动，通报他们已经获取的信息，应用程序也可以通过许可告诉主要成员他们可以做什么、不可以做什么，并阻止不被允许的动作和请求；第二个是确定授权主要成员对一个目标进行一种操作或同时对多个目标进行多种操作。[127]

（3）协议：XACML。

XACML（eXtensible Access Control Markup Language），即可扩展的访问控制标记语言，是一种基于XML的开放标准语言，用于描述安全政策以及对网络服务、数字版权管理（DRM）以及企业安全应用信息进行访问的权限，它还是一种用于决定请求/响应的通用访问控制策略语言和执行授权策略的框架，在传统的分布式环境中被广泛用于访问控制策略的执行。有时也称可扩展的访问控制高标识语言（XACL）。

（4）系统：需要认证访问的所有系统，如：ALEPH、Metalib、SFX、特色资源管理系统、文献传递系统、网上咨询台、数字资产管理系统、网络信息采集与保存。

（5）平台：网站、手机。

（三）审查

（1）名称：审查（Audit）。

（2）定义：根据一系列的方针政策进行系统的有根据的检查，可审查的事情已经进行详细的定义，实际发生的事情或日志文件同一系列的方针政策、程序、标准进行对比，输出的审查结果能够说明相关政策、程序、标准是否被正确的执行。审查功能包含请求和应答两个过程，请求主要包括需要审查的内容，与需要审查的内容进行比较的政策、程序、标准；应答主要包括审查通过的结果说明、审查失败的结果说明、一些出错信息或其他所需的控制信息。

(3)协议：目前没有。

(4)系统：目前没有。

(5)平台：目前没有。

二、搜集服务

搜集是指对资源和服务的搜索、集中，既包括纸质资源、数字资源，也包括网络资源；既包括内容的搜集也包括版权的征集；既包括购买的、缴送的，也包括网上收割的；搜集服务主要包含以下几种。

(一)登记与注册

(1)名称：登记与注册(Registry)。

(2)定义：数字图书馆的登记与注册服务是指将各种分散的图书馆服务集中在一个系统中管理与发布，一方面当服务有变动时能够快速及时地进行更改并提供给使用者，另一方面用户若想使用某种服务，可以到一个固定的系统中查找所需服务的访问方法；通过登记与注册，任何一个用户或图书馆都能够很容易地与这些图书馆连接，这些图书馆也能提供相应的服务。在现代社会中，数字图书馆的登记与注册服务是关键的网络组件，能为用户提供更高水平的自动化服务，并且使数字图书馆的服务更加专业化，功能性也更强。图书馆的登记与注册服务必须具备以下条件：发现、定位和配置；发现即允许用户或机器发现现有的相关服务，也就是利用一种机制，将相关服务提供给用户并供用户选择；定位是指为个人或机器提供一种查找服务的方式，对数字图书馆的登记与注册服务来说，就是为用户确定所要查找的信息所在的位置，它可以使用户的查询更加快捷；配置是指为用户访问特定服务提供必要的配置信息，也为了实现正确的机器对机器的协同工作，以便于一个提供服务的网站与其他服务网站正确连接。[128]

(3)协议:FRBR、Z39.50、SRU、OpenURL。[129]

FRBR(Functional Requirements of Bibliographic Records),书目记录的功能需求:对书目记录描述的对象在整个生命周期过程中不同阶段的不同实体类型进行了详细的分析,为这些资源的描述、定位提供了完整的思考框架,它的主要特点是区分元数据记录的等级结构和层次。

Z39.50:其全称是 American National Standard Information Retrieval Application Service Definition and Protocol Specification for Open System Interconnection,是一个有关信息检索的标准。根据这个标准构成的检索系统,可以检索不同类型的信息,如文本、图像和其他多媒体资源,并且可以屏蔽掉数据库之间的异构性,实现异构网络之间的数据交换。

SRU(Search/Retrieve via URL):是一个面向网络环境的信息检索协议,是 Z39.50 的简化版,目的是通过提供通用的框架结构,整合对各种网络资源的访问规范,使分布式数据库之间能够协同工作。

OpenURL:即“开放链接”,是一种解决不同数字资源系统互操作的方法,也是一项技术标准,它是一种附带有元数据信息和资源地址信息的“可运行”的 URL。

(4)系统:ALEPH、Metalib、SFX、特色资源管理系统。

(5)平台:网站、手机。

(二)版权登记

(1)名称:版权登记(Copyright Register)。

(2)定义:将某一对象的版权信息添加到相应的登记系统内。

(3)协议:DC、FRBR。

(4)系统:书目系统、数字资产管理系统等。

书目系统:实现对馆藏资源的著录,包括对其版权信息的登记。

数字资产管理系统:实现对馆藏数字资源生命周期的全流程管理,包括数字资产的版权信息登记。

(5)平台:网站、特定客户端软件。

（三）出版

（1）名称：出版（Publish）。

（2）定义：将某一业务对象发布在便于引用的位置，使其能够被使用。

（3）协议：FTP、HTTP、METS。

（4）系统：国图网站、书目系统、网络资源长期保存系统等。

国图网站：国图各项业务信息的发布和交流平台。

书目系统：传统资源著录和发布系统。

网络资源长期保存系统：利用网络爬虫软件针对指定关键词自动从网络服务器收割网页资源，为满足特定服务需求而发布。

（5）平台：网站、服务器。

（四）电子呈缴

（1）名称：电子呈缴（Deposit）。

（2）定义：呈缴制度，指一国领域内的所有出版机构无偿向国家法定机构缴送每一种新出版物样本的法定制度。

国家图书馆电子资源呈缴系统拟设定为一个自成体系的网上呈缴电子资源的采、编、检综合管理系统，通过该系统呈缴的电子资源包括：电子图书、电子期刊、电子报纸、静图、论文、音频资源、视频资源、电子出版物资源以及其他数字化后的原生电子资源。

（3）协议：OAI、Z39.50。

（4）系统：国家图书馆电子资源呈缴系统。

（5）平台：网站。

（五）收割

（1）名称：收割（Harvest）。

（2）定义：从其他目标藏书中收集和返回业务目标，主要是元数据。

（3）协议：OAI-PMH。

OAI（Open Archives Initiative）最初由 Paul Ginsparg、Rick Luce、Herbert Van de Sompel 等人在 1999 年 10 月于 Santa Fe 的 Universal

Preprint Service 会议中促成，意图通过整合元数据来解决数据系统之间彼此不隶属、资源分散存储难以集成的问题。2001 年 4 月，OAI 组织发表了 OAI-PMH 元数据获取协议（Open Archive Initiative Protocol for Metadata Harvesting），该协议是一个在分布式网络化环境中获取元数据信息的标准化协议，它将 OAI 的思想扩展到数字图书馆领域，通过提供一个元数据互操作框架，整合网络上不同结构的数字资源，并以统一的格式为用户提供增值服务。OAI-PMH 协议的服务提供者可以对 OAI 官方网站上注册的数据提供者进行元数据的分析采集，但除此之外，Internet 上还分布着其他类型的信息资源，比如静态的网页、数据库以及 Z39.50 服务器等，研究者们希望能够通过 OAI-PMH 协议实现不同类型信息资源的整合。

采用 OAI-PMH 协议构建的实践项目比较多。[130]例如，北京大学中文古籍数字图书馆项目、[131]民族音乐数字图书馆项目、[132]CALIS 高等学校学位论文全文数据库、[133]科学数据库跨库搜索引擎、[134]知识仓库建库管理系统和知识网络管理系统（KDKW35）、[135]山西省科技文献资源平台联合目录、[136]台湾大学典藏数字化计划、[137]知识门户网站、[138]“台湾教育部”教学资源交换平台，[139]以及研究者们采用开源 OAI 客户端软件，如 ARC、Kelper 等构建的个人试验项目。[140]

（4）系统：图书馆中已存在的支持该服务功能实现的系统。

（5）平台：网站。

（六）集成

（1）名称：集成（Integration）。

（2）定义：集成是指将两个或多个服务（尤其是异构环境的服务）通过相互间的协调、通信、合作，共同完成一个较复杂功能。数字图书馆集成服务也就是在用户特定任务需求的驱动下，利用统一的服务调度机制，实现多个数字图书馆服务的动态集成，共同满足用户的需求。包含资源集成、内容集成、技术集成 3 个方面。

（3）协议：HTTP、SOAP、Z39.50、OAI。

HTTP：HTTP（HyperText Transfer Protocol）是超文本传输协议，是

客户端浏览器或其他程序与 Web 服务器之间的应用层通信协议。在 Internet 上的 Web 服务器上存放的都是超文本信息,客户机需要通过 HTTP 协议传输所要访问的超文本信息。HTTP 包含命令和传输信息,不仅可用于 Web 访问,也可以用于其他因特网/内联网应用系统之间的通信,从而实现各类应用资源超媒体访问的集成。

SOAP:简单对象访问协议(Simple Object Access Protocol)是一种轻量的、简单的、基于 XML 的协议,它被设计成在 Web 上交换结构化的和固化的信息。SOAP 可以和现存的许多因特网协议和格式结合使用,包括超文本传输协议(HTTP)、简单邮件传输协议(SMTP)、多用途网际邮件扩充协议(MIME)。它还支持从消息系统到远程过程调用(RPC)等大量的应用程序。

Z39.50:Z39.50 是严格基于 ISO 的 OSI(开放系统互联)参考模型的应用层协议,是一个美国国家标准,其全称是 American National Standard Information Retrieval Application Service Definition and Protocol Specification for Open System Interconnection。Z39.50 的目的是为了信息系统的开放互联,由于各信息系统分别采用各自的数据库软件,数据的描述格式、访问方式等都各不相同,必须为各自数据库系统建立一个抽象、通用的用户视图,将各个系统的具体实现映射到抽象模型上,才能使不同的系统在一个相互理解的、标准的通信平台上进行交互,满足互操作的需要。

OAI:OAI 全称为 Open Archives Initiative Protocol for Metadata Harvesting 协议,是一种独立于应用的,能够提高 Web 上资源共享范围和能力的互操作协议标准。

(4)系统:可应用在数字资源门户中。

(5)平台:网站。

(七)长期保存

长期保存主要包括以下几个步骤。

(1)选择

①名称:选择(Select)。

②定义:经过分析和评估最终确定和筛选出资源。

③协议:SRU。

④系统:书目系统、网络资源长期保存系统等。

书目系统:实现对馆藏资源的著录,针对著录结果进行评估和筛选,最终确定部分数据进入正式系统。

网络资源长期保存系统:利用网络爬虫软件针对指定关键词自动从网络服务器收割网页资源,并根据特定原则筛选出其中部分资源和信息作为长期保存之用。

⑤平台:网站、服务器。

(2)获得

①名称:获得(Acquire)。

②定义:通过相关的系统功能来管理资源提供者,以获得资源。此处的资源可能是免费获取的,也可能是购买的。

③协议:为数据交换或获得而制定的规则、约定与标准。

④系统:网络资源长期保存系统。

网络资源长期保存系统:利用网络爬虫软件针对指定关键词自动从各种网络服务器收割网页资源。

⑤平台:网站、服务器。

(3)存储

①名称:存储(Deposit)。

②定义:向资源集合内添加对象。

③协议:METS、WARC、OAI。

④系统:网络资源长期保存系统、数字资产管理系统。

网络资源长期保存系统:利用网络爬虫软件针对指定关键词自动从各种网络服务器收割网页资源,并根据收割的内容向资源集合内添加记录。

数字资产管理系统:实现对馆藏数字资源生命周期的全流程管理,包括向资源集合内添加对象数据。

⑤平台:服务器、特定软件系统。

(4)描述

①名称:描述(Describe)。

②定义:对数据库内资源进行描述,该资源元数据可能随时间变化,因为资源在不同的处理阶段时,描述会有不同。

③协议:数据(MARCXML、DCMI、MODS、RDF、SKOS)、更新(SRU Update)。

④系统:网络资源长期保存系统、数字资产管理系统。

网络资源长期保存系统:利用网络爬虫软件针对指定关键词自动从各种网络服务器收割网页资源,并对资源进行描述和组织以便于后续处理。

数字资产管理系统:实现对馆藏数字资源生命周期的全流程管理,包括对数字资源进行描述和组织。

⑤平台:服务器、特定软件系统。

(5)控制

①名称:控制(Control)。

②定义:跟踪某一特定时间数据库内对象的位置。包括该对象在内外部用户间的流通,也包括为了展览或外借而从其他数据库所借的对象。

③协议:SRU Update。

④系统:网络资源长期保存系统、数字资产管理系统。

网络资源长期保存系统:利用网络爬虫软件针对指定关键词自动从各种网络服务器收割网页资源,并对资源进行组织、存档和发布。控制是要跟踪过程中资源的位置和状态变化情况。

数字资产管理系统:实现对馆藏数字资源生命周期的全流程管理,包括对数字资源位置和状态的变化跟踪。

⑤平台:服务器、特定软件系统。

(6)存档

①名称:存档(Archive)。

②定义:按照特定的存档策略,将业务对象或其复本转移到一个

数据集合内。

③协议:METS、WARC。

④系统:网络资源长期保存系统、数字资产管理系统。

网络资源长期保存系统:利用网络爬虫软件针对指定关键词自动从各种网络服务器收割网页资源,并根据不同的策略对资源进行组织、存档和发布。

数字资产管理系统:实现对馆藏数字资源生命周期的全流程管理,包括根据不同的保存策略对数字资源的分级分类存档。

⑤平台:服务器、特定软件系统。

(7)保存

①名称:保存(Preserve)。

②定义:为了资源的长期可访问,将内容保存在一个知识库内。可能包含风险评估和物理对象的重组。

③协议:METS、WARC。

④系统:网络资源长期保存系统、数字资产管理系统。

网络资源长期保存系统:利用网络爬虫软件针对指定关键词自动从各种网络服务器收割网页资源,并根据不同的策略对资源进行组织、存档和发布,并通过风险评估或资源重组进行最终的知识库存档。

数字资产管理系统:实现对馆藏数字资源生命周期的全流程管理,包括根据不同的保存策略对数字资源的分级分类存档。

⑤平台:服务器、特定软件系统。

(8)检索

①名称:检索(Obtain)。

②定义:从知识库内检索一个或多个被请求的对象。

③协议:OpenURL、Handles。

④系统:各种可供检索的系统。

⑤平台:服务器、特定软件系统。

(9)提供

①名称:提供(Supply)。

②定义:当条件满足检索请求时,将相应的资源复本提供出来。此处可能涉及授权和许可。

③协议:OpenURL、ILL。

④系统:文献传递系统、Metalib。

文献传递系统:满足对远程读者的文献需求。

Metalib:在我馆电子资源无法满足用户需求时,通过 Metalib 的 SFX 链接至文献传递系统,提交对其他介质资源的请求。

⑤平台:服务器、特定软件系统。

(八)审查:同本节一(三)

三、发现服务

发现服务是指找到所需资源或服务的过程,包括用户主动的检索、浏览,以及服务提供者主动的提醒、推荐、推送,还有对整个发现服务的审查。

(一)检索

(1)名称:检索(Search)。

(2)定义:在一个(馆藏)集合中查询业务对象,从而在(馆藏)集合中确定符合查询标准的对象。

(3)协议:SRU、CQL、OpenSearch、Z39.50、SWS。

(4)系统:文津搜索、Metalib、Google 站内搜索。

(5)平台:网站、手机。

(二)浏览

(1)名称:浏览(Scan)。

(2)定义:通过扫描索引中各个对象的属性,从而发现业务对象,并能够在索引中指定一个起始位置。

(3)协议:SRU/Z39.50。

(4)系统:文津搜索、Metalib、Google 站内搜索。

(5)平台:网站、手机。

(三)提醒

(1)名称:提醒(Alert)。

(2)定义:通知用户或者系统重要事件的发生。

(3)协议:在数字环境时代,常见的通知方式有如下几种。

RSS与Atom:RSS(Really Simple Syndication,简易资讯聚合)是一种消息来源格式规范,用以发布经常更新资料的网站,例如博客文章、新闻、音讯或视讯的网摘。RSS文件包含了全文或是节录的文字,再加上使用者所订阅的网摘资料和授权的元数据。Atom是一对彼此相关的标准。Atom供稿格式(Atom Syndication Format)是用于网站消息来源,基于XML的文档格式;而Atom出版协定(Atom Publishing Protocol,简称AtomPub或APP)是用于新增及修改网络资源,基于HTTP的协议。它借鉴了各种版本RSS的使用经验,被许多的聚合工具广泛使用在发布和使用上。Atom供稿格式设计作为RSS的替代品;而Atom出版协定用来取代现有的多种发布方式(如Blogger API和LiveJournal XML-RPC Client/Server Protocol)。

E-mail:即电子邮件系统,是Internet中最为流行的一种通信形式。它是一种通过网络与其他用户进行联系的简便、迅速、廉价的现代通讯方式。它不但可以传送文本,还可以传递多媒体信息,如图像、声音等。在通常情况下,一个独立的网络中邮件在几秒钟之内就可以送达对方。

SMS与MMS:SMS是Short Message Service(短消息服务)的缩写。MMS是Multimedia Messaging Service(多媒体消息服务)的缩写。中国移动把它定名为“彩信”,可以用于传送文字、图片、动画、音频和视频等多媒体信息。多媒体短信的大小通常为50KB,这是由运营商和手机终端双方面决定的。现在我国内地的大部分手机仅支持小于50KB的彩信。彩信中可以加入图片、背景音乐和文字信息。

(4)系统:数字图书馆系统。

(5)平台:网络、手机。

(四)推荐

(1)名称:推荐(Recommend)。

(2)定义:图书馆信息推荐服务是指针对每一个图书馆个人用户和群体用户的独特信息需求,提供有针对性的学术性信息。了解用户的信息需求,为不同层次的信息需求者提供层次对应的、高智能的、简洁方便的信息服务;对各种来源的信息进行收集、整理和分类,通过收集、分析用户的兴趣爱好和访问历史,建立用户模型并用于信息过滤和排序,从而指导用户的浏览和信息检索。

(3)协议:SRU Update、X.500、LDAP。

SRU(Search/Retrieve via URL)协议:SRU 是一个面向网络环境的信息检索协议,从 Z39.50 发展而来,目的是通过提供通用的框架结构,整合对各种网络资源的访问规范,使分布式数据库之间能够协同工作。

X.500 是一个将局部名录服务连接起来,构成全球分布式的名录服务系统的协议。

LDAP 是轻量目录访问协议,英文全称是 Lightweight Directory Access Protocol,一般都简称为 LDAP。它是基于 X.500 标准的,但与 X.500 不同,LDAP 支持 TCP/IP,这对访问 Internet 是必需的。简单说来,LDAP 是一个得到关于人或者资源的集中、静态数据的快速方式。LDAP 是一个用来发布目录信息到许多不同资源的协议。

(4)系统:可应用在数字资源门户中。

(5)平台:网站、手机。

(五)推送

(1)名称:推送(Delivery)。

(2)定义:信息推送服务是运用推送技术实现的一种个性化的主动信息服务。它根据用户事先向系统输入的信息请求,这包括用户的个人信息档案、个人信息主题、研究方向等,系统就能主动地在网上搜索出符合用户需求的信息,并经过筛选、分类、排序,按照每个用户的特定要求,在适当的时候传递至用户指定的地点。

(3)协议:HTTP、SMTP。

HTTP:同上。

SMTP:Simple Mail Transfer Protocol,即简单邮件传输协议,它是一组用于由源地址到目的地址传送邮件的规则,由它来控制信件的中转方式。SMTP 协议属于 TCP/IP 协议族,它帮助每台计算机在发送或中转信件时找到下一个目的地,是一种提供可靠且有效电子邮件传输的协议。

(4)系统:可应用在邮件系统、RSS 系统、掌上国图系统。

(5)平台:网站、手机。

(六)审查:同本节一(三)

四、揭示服务

揭示服务是指管理人员对资源和服务进行更深入的描述与组织的过程,或用户发现所需服务和资源之后结合自己的理解对其进行说明的过程,主要有标签、注释、关联、分类、挖掘、审查。

(一)标签

(1)名称:标签(Tag)。

(2)定义:标签(Tag)是一种互联网内容组织方式,是赋予某些信息(如图片、地图、博客文章、视频剪辑等)的关键词,用于描述该项目,并用于信息的关键词分类与搜索。一个项目一般有一个或数个与之关联的标签。它帮助人们轻松地描述和分类内容,以便于检索和分享。由创建者和消费者协作创建与管理标签,以对内容进行标注与分类的实践与方法。与传统主题标引相比,元数据不仅由专家生成,而且由内容的创建者与消费者生成。标签(Tag)已经成为 Web 2.0 的重要元素,充分体现了 Web2.0 用户参与的特点。

(3)协议:SRU Update (同上)。

(4)系统:可应用在国图博客、OPAC 中。

(5)平台:网站。

(二)注释

(1)名称:注释(Annotate)。

(2)定义:在不改变某信息的前提下,为某信息或某信息指定的部分内容添加注释或评论。

(3)协议:SRU Update(同上)、Annotea。

Annotea 是 W3C 一个专门用于网页评注的标准,通过基于标签、书签以及其他评注方式实现网页评注。

(4)系统:可应用在国图博客、OPAC 中。

(5)平台:网站。

(三)关联

(1)名称:关联(Associate)。

(2)定义:使用一种定义好的关系(规则)将两个业务对象联系起来。

(3)协议:对数据对象进行关联的方法很多,一般通过本体或者词表、标签等方式对资源进行标注后,利用标注结果进行关联。

在计算机科学与信息科学领域,理论上,本体是指一种"形式化的,对于共享概念体系的明确而又详细的说明"。本体提供的是一种共享词表,也就是特定领域之中那些存在着的对象类型或概念及其属性和相互关系;或者说,本体就是一种特殊类型的术语集,具有结构化的特点,且更加适合于在计算机系统之中使用;或者说,本体实际上就是对特定领域之中某套概念及其相互之间关系的形式化表达(formal representation)。本体是人们以自己兴趣领域的知识为素材,运用信息科学的本体论原理而编写出来的作品(artifacts)。本体一般可以用来针对该领域的属性进行推理,亦可用于定义该领域。

主题词表又叫叙词表。它是一种由概括一门或各个学科领域的经规范化处理的语义相关和族性相关的词或词组,按特定顺序排列所形成的后组式检索词典。它是一种将标引人员和检索人员的自然语言转换成规范化检索语言的术语控制工具。在标引中,人们从主题词表中选词标引,检索时,从主题词表中查词检索。

标签(Tag)是 Web2.0 时代产生的新事物,指的是对数字资源的关键词描述,但是并不是一种标准的分类方式。如今标签已经发展成为社会书签(Social Bookmarking)与民俗分类法(Folkosonomy)。

(4)系统:资源加工系统。

(5)平台:网络。

(四)分类

(1)名称:分类(Classify)。

(2)定义:对业务对象(资源)在有限值范围内进行分类。

(3)协议:分类法。

《中国图书馆分类法》是新中国成立后编制出版的一部具有代表性的大型综合性分类法,是当今国内图书馆使用最广泛的分类法体系,简称《中图法》。《中图法》第四版增加了类分资料的类目,并与类分图书的类目以"+"标识进行了区分,因此正式改名为《中国图书馆分类法》,简称不变。《中图法》第四版全面补充新主题、扩充类目体系,使分类法跟上科学技术发展的步伐。同时规范类目,完善参照系统、注释系统,调整类目体系,增修复分表,明显加强类目的扩容性和分类的准确性。

中国人民大学图书馆图书分类法,简称人大法,是新中国成立后的第一部分类法,1954 年出第一版,1996 年出第六版。4 大部类、17 个基本大类,包括:总结科学,社会科学,自然科学,综合性科学、综合性图书。

中国科学院图书馆图书分类法,采用 5 部类、25 基本大类,展开形成等级分明的类目体系,使用数字单纯号码,号码分为两部分:第一部分采用整数顺序数字,从 00—99 分配到 5 部类、25 大类及其主要类目中。第二部分基本上采用小数层累制。也使用了一些灵活的配号方法。

(4)系统:编目系统、图书馆自动化系统。

(5)平台:网络平台。

(五)挖掘

(1)名称:挖掘(Data Mining)。

(2)定义:通过对大量业务数据进行抽取、转换、分析和模型化处理,将数据转化为有价值的知识的过程。

（3）协议：涉及多种协议。

（4）系统：部分图书馆管理系统具备该功能。

（5）平台：内部管理平台。

（六）审查：同本节一（三）

五、传递服务

传递服务是指将用户找到的感兴趣的资源或服务提供给他的过程中所涉及的方式方法，或为了方便用户以后的使用而提供的书签、结果收藏管理功能。

（一）联系

（1）名称：联系（Contact）。

（2）定义：从信息传输系统中获取一条信息或者向其推送一条信息。

（3）协议：SMS、Chat、Email、UDP、TCP/IP、POP3、SMTP。

（4）系统：网上咨询台、在线咨询、意见建议、联系我们、文献传递、掌上国图。

网上咨询台：国图网站首页有链接，实现与在线用户的实时交互和咨询解答，通过 IE 来实现。类似即时通讯。

在线咨询：新馆内电子阅览用户与馆员实时交互和咨询的入口，需要安装电子阅览管理系统客户端。类似即时通讯。

意见建议、联系我们：国图网站首页有链接，实现在线用户的非实时交互和咨询解答。采用 E-mail 方式。

文献传递：在我馆电子资源无法满足用户需求时，通过 Metalib 的 SFX 链接至文献传递系统，提交对其他介质资源的请求。采用 E-mail 方式。

掌上国图：通过手机来实现用户对某些服务的需求，比如：预约、催还、意见建议等。采用 SMS 方式。

（5）平台：网站、手机。

（二）开放链接

(1)名称:开放链接(Reference Link)。

(2)定义:指根据用户的需要,根据一定规则计算链接路径和进行链接,此可对用户链接前刚出现的链接对象或位置予以链接,也可在链接计算规则中嵌入选择规则实现选择性链接。

(3)协议:OpenURL、DOI。

①OpenURL 及其应用介绍

A. OpenURL 技术介绍[141]

OpenURL 可称为开放的统一资源定位器(Open Uniform Resource Locators),最初是由比利时 Ghent 大学的 H. 萨姆堡尔(Herbert Van de Sompel)及其同事在研制 SFX(Special Effects)系统时提出,目的是把不同来源和不同通信协议的信息源及相关服务融合在一起,实现不同类型、不同格式和异地分布信息资源的无缝链接。

B. OpenURL 技术应用示例——SFX 使用介绍

由以色列的 Ex Libris(2002 年收购 Endeavor)公司推出,利用的图书馆比较多。国外有:Harvard University、California State University、Yale University、Georgia State University、Brown University 等;国内主要有:清华大学、国家图书馆、复旦大学、四川大学、北京师范大学、北京理工大学、南京师范大学、武汉大学等。

②DOI 及其应用介绍

A. DOI 介绍

1998 年 AAP 创立非营利性组织 IDF,IDF 在美国国家先导研究公司(CNRI)的配合下,制定了 DOI 标准和相应的解析系统标识符。目前已有上千万个已经分配并解析的 DOI 号码,8 个 RA(DOI 注册代理机构),形成了比较完整的命名、申请、注册、变更等管理机制,DOI 的解析系统发展也比较成熟。DOI 系统在唯一标识注册领域已经得到了广泛认可,尤其是出版商。[142]

B. DOI 应用介绍——CrossRef

CrossRef 意为"相互参照条目",是以 DOI 为核心技术的由多个出版机构联合建立的开放式参考文献链接系统。出版商要加入这个系统,必须先进行注册,为此 CrossRef 同时也是一个 DOI 的登记注册机构(机构所在地:美国)。加入 CrossRef 的出版社和学会有 2427 个,图书馆 1258 个;覆盖刊物18 869种;发放 DOI 数量超过 2847 万个;2007 年 7 月单月 DOI 发放量达到近 81 万个;检索量达到 446 余万次;终端用户解析量超过 1363 万个,Elsevier、Blackwell、John Wiley、Springer、Science Direct、Web of Knowledge 等大型出版商大多使用 DOI 数字资源标识。DOI 已经广泛应用于期刊、图书、学位论文、科学数据等领域,实现了引文与全文的开放式链接,建立了不同信息资源之间的链接关系,使之成为一个有机整体,最大程度地保持了知识体系的完整性。在此基础上,一些生产商相继推出各种与 DOI 相关的增值服务。例如 CrossRef Search 结合 Google 检索技术与 DOI 系统的定位服务,实现了 CrossRef Search 检索结果到生产商全文之间持久、有效的链接。

C. 中文 DOI 服务系统的产生

如果国内数字出版商能够采用 DOI 系统建立类似 CrossRef 这样的跨出版商参考文献链接系统,不仅有助于整体提升行业服务质量,而且对信息资源的建设也有重要意义。基于此,2007 年 3 月,IDF 与我国科技部下属的万方数据有限公司达成协议,由万方数据公司作为登记注册机构(RA),与中国科学技术信息研究所合作,共同开展中文 DOI 的注册登记工作。中文 DOI 服务系统是我国唯一的 DOI 注册代理机构,不仅为中文信息资源提供 DOI 注册和解析等基本服务,而且还通过建设一个 DOI 中文应用平台与门户网站(http://www.chinadoi.cn),提供基于 DOI 命名及应用相关的增值服务,在信息资源整合的基础上通过 DOI 系统提供更多的附加服务。中文 DOI 服务系统的产生标志着我国信息内容服务业的标准化迈出了重要的一步,标志着我国数字资源唯一标识符的发展进入新的阶段。

(4)系统:SFX、CrossRef、WebBridge、SIRSI 的 OpenURL Resolve。

(5)平台:网站。

(三)数字化托管

(1)名称:托管(Consign)。

(2)定义:请求某服务提供者开始一项任务。该任务可能是满足对指定产品的请求,或者完成某项具有特定输入输出的工作,或者回应某一信息请求。

(3)协议:OpenURL、Z39.50、SRU/SRW、OAI-PMH。

(4)系统:Metalib、联合目录、网络资源采集。

Metalib:数字资源门户,其SFX解析器可根据其他系统发送的请求输出指定文献相关信息。

联合目录:多系统协作进行资源的著录,可实现对远程书目数据的请求和下载。

网络资源长期保存:利用网络爬虫软件针对指定关键词自动从网络服务器收割网页资源。

(5)平台:网站、服务器。

(四)个性化服务

(1)名称:个性化(Personalise)。

(2)定义:使用户对服务的体验、外观及感触可定制化。用户可定义自己的缺省数据集,定制界面外观、收藏检索结果、订阅检索式等。

(3)协议:SRU Update、X.500、LDAP。

(4)系统:卡罗莱纳州立大学图书馆MyLibrary@NCState、美国华盛顿大学图书馆MyGateway等。

(5)平台:网站、手机。

(五)无障碍服务

(1)名称:信息无障碍。

(2)定义:联合国对信息无障碍的定义为"信息无障碍又可译为信息可达性,指信息的获取和使用对于不同的人群应有平等的机会和差异不大的成本"。在我国,"信息无障碍标准体系框架"课题中将信息无障碍界定为"信息无障碍指实现为任何人(无论健全人还是残障人士、无论年轻人还是老年人、无论是何种文化或语言的人、无论是低收入人群还是高收入人群)在任何情况下都能以相近的成本,便利地获取基本信息或使用通常的信息沟通手段"。

(3)协议:《信息无障碍—身体机能差异人群—网站设计无障碍技术要求》(标准编号为:YD/T 1761—2008)、W3C 的 WCAG(Web Content Accessibility Guidelines)2.0 准则、XHTML1.0 技术规则。

(4)系统:中国盲人数字图书馆。

(5)平台:网站、手机。

(六)视频会议与讲座

(1)名称:视频会议与讲座。

(2)定义:视频会议又称会议电视系统,是指两个或两个以上地方的个人或群体,通过传输线路及多媒体设备,将声音、影像及文件资料互传,实现即时且互动的沟通,以实现会议目的的系统设备。视频会议的使用有些像电话,除了能看到与你通话的人并进行语言交流外,还能看到他们的表情和动作,使处于不同地方的人就像在同一房间内沟通。

(3)协议:RTP、RTCP、RSVP、H.323、H.264。

实时传输协议 RTP(Real-Time Transport Protocol):是针对 Internet 上多媒体数据流的一个传输协议,由 IETF(Internet 工程任务组)作为 RFC 1889 发布。RTP 被定义为在一对一或一对多的传输情况下工作,其目的是提供时间信息和实现流同步。RTP 的典型应用建立在 UDP 上,但也可以在 TCP 或 ATM 等其他协议之上工作。RTP 本身只保证实时数据的传输,并不能为按顺序传送数据包提供可靠的传送机制,也不提供流量控制或拥塞控制,它依靠 RTCP 提供这些服务。

实时传输控制协议 RTCP(Real-Time Transport Control Protocol):负责管理传输质量,在当前应用进程之间交换控制信息。在 RTP 会话期间,各参与者周期性地传送 RTCP 包,包中含有已发送的数据包的数量、丢失的数据包的数量等统计资料。因此,服务器可以利用这些信息动态地改变传输速率,甚至改变有效载荷类型。RTP 和 RTCP 配合使用,能以有效的反馈和最小的开销使传输效率最佳化,故特别适合传送网上的实时数据。

资源预订协议 RSVP(Resource Reservation Protocol):由于音频和

视频数据流比传统数据对网络的延时更敏感，要在网络中传输高质量的音频、视频信息，除带宽要求之外，还需其他更多的条件。RSVP 是 Internet 上的资源预订协议，使用 RSVP 预留部分网络资源（即带宽），能在一定程度上为流媒体的传输提供 QoS。

H. 323 协议：是一套在分组网上提供实时音频、视频和数据通信的标准，是 ITU-T 制定的在各种网络上提供多媒体通信的系列协议 H. 32x 的一部分。H. 323 协议被普遍认为是目前在分组网上支持语音、图像和数据业务最成熟的协议。采用 H. 323 协议，各个不同厂商的多媒体产品和应用可以进行互相操作，用户不必考虑兼容性问题。该协议为商业和个人用户基于 LAN 的多媒体产品协同开发奠定了基础。

H. 264 协议：是 ITU-T 最新的视频编码标准，被称做 ISO/IEC 14496—10 或 MPEG－4 AVC，是由运动图像专家组（MPEG）和 ITU 的视频编码专家组共同开发的新产品。H. 264 分两层结构，包括视频编码层和网络适配层。视频编码层处理的是块、宏块和片的数据，并尽量做到与网络层独立，这是视频编码的核心，其中包含许多实现错误恢复的工具；网络适配层处理的是片结构以上的数据，使 H. 264 能够在基于 RTP/UDP/IP、H. 323/M、MPEG－2 传输和 H. 320 协议的网络中使用。

（4）系统：Seegle 视高协同视频会议系统。

视高协同视频会议系统是一套专业的多媒体通讯协作视频会议软件。视频方面，基于 MPEG－4 的编解码技术使系统能在各种带宽环境中高速传输视频数据，支持同时显示 25 路高清视频并能轮巡查看所有与会者视频；音频方面，系统支持 G. 711、G. 723、G. 729 多种语音编解码技术和智能码流平滑技术，保证了语音数据的稳定性和高保真性，而 20 路全双工混音技术支持 20 方在会议中同时进行发言和数据操作；在数据协作方面，远程电子白板全面支持在会议中随时进行矢量文档的共享和操作，支持通过电子白板完成大部分会议中的应用；支持远程屏幕共享、协同浏览、文件共享和电子投票等功能；会议交互方面,能在会议过程中方便、快速地跟与会者进行各种形式的交互协作。

(5)平台:网络。

(七)电子支付

(1)名称:电子支付(Electronic Payment)。

(2)定义:电子支付是指电子交易的当事人,包括消费者、厂商和金融机构,使用安全电子支付手段,通过网络进行的货币支付或资金流转。

(3)协议:安全套接层协议(Secure Sockets Layer,简称SSL)。

SSL协议是Netscape Communication公司推出在网络传输层之上提供的一种基于RSA和保密密钥的用于浏览器和Web服务器之间的安全连接技术。它是国际上最早应用于电子商务的一种由消费者和商家双方参加的信用卡/借记卡支付协议。

SSL协议提供的服务主要有:

①认证用户和服务器,确保数据发送到正确的客户机和服务器;

②加密数据以防止数据中途被窃取;

③维护数据的完整性,确保数据在传输过程中不被改变。

安全电子交易协议(Secure Electronic Transaction,简称SET)是美国Visa和MasterCard两大信用卡组织等联合于1997年5月31日推出的用于电子商务的行业规范,其实质是一种应用在Internet上、以信用卡为基础的电子付款系统规范,目的是为了保证网络交易的安全。SET妥善地解决了信用卡在电子商务交易中的交易协议、信息保密、资料完整以及身份认证等问题。SET已获得IETF标准的认可,是电子商务的发展方向。

SET支付系统主要由持卡人(Card Holder)、商家(Merchant)、发卡行(Issuing Bank)、收单行(Acquiring Bank)、支付网关(Payment Gateway)、认证中心(Certificate Authority)等6个部分组成。

(4)系统:大额支付系统、联机小额支付系统、脱机小额支付系统、电子货币。

大额支付系统是一个国家支付体系的核心应用系统，它通常由中央银行运行，采用 RTGS 模式。该系统主要处理银行间大额资金转账，通常支付的发起方和接收方都是商业银行或在中央银行开设账户的金融机构。当然也有由私营部门运行的大额支付系统，这类系统对支付交易虽然可做实时处理，但要在日终进行净额资金清算。大额系统处理的支付业务量很少，但资金额却很大。

联机小额支付系统指 POS 机系统和 ATM 系统，其支付工具为银行卡（信用卡、借记卡或 ATM 卡等）。它的主要特点是金额小、业务量大、交易资金采用净额结算。

脱机小额支付系统也被称为批量电子支付系统，它主要指自动清算所（ACH），主要处理预先授权的定期借记（如公共设施缴费）或定期贷记（如发放工资）。支付数据以磁介质或数据通信方式提交清算所。

电子货币：伴随着银行应用计算机网络技术的不断深入，银行已经能够利用计算机网络将“现金流动”、“票据流动”进一步转变成计算机中的“数据流动”。资金在银行计算机网络系统中以人类肉眼看不见的方式进行转账和划拨，是银行业推出的一种现代化支付方式。这种以电子数据形式存储在计算机中（或各种卡中）并能通过计算机网络而使用的资金被人们越来越广泛地应用于电子交易中，这就是电子货币。

（5）平台：网络、电话、移动设备、自动柜员机。

网上支付是电子支付的一种形式。广义地讲，网上支付是以互联网为基础，利用银行所支持的某种数字金融工具，发生在购买者和销售者之间的金融交换，而实现从买者到金融机构、商家之间的在线货币支付、现金流转、资金清算、查询统计等过程，由此为电子商务服务和其他服务提供金融支持。

电话支付是电子支付的一种线下实现形式，是指消费者使用电话（固定电话、手机、小灵通）或其他类似电话的终端设备，通过银行系统就能从个人银行账户里直接完成付款的方式。

移动支付是使用移动设备通过无线方式完成支付行为的一种新型的支付方式。移动支付所使用的移动终端可以是手机、PDA、移动PC等。

自动柜员机支付是电子支付的一种线下实现形式，是指消费者使用自动柜员机，通过银行系统就能从个人银行账户里直接完成付款的方式。

（八）书签

（1）名称：书签（Bookmark）。

（2）定义：书签是一个免费的网络收藏夹服务，可以把在网上看到的任何网页、文章收藏起来，以便在需要的时候，快捷方便地找到所需内容，并在网上与朋友分享。无论在任何地方，只要能接入网络，就能打开属于自己的网络书签。有了网络书签，在任何地点、时间都能看到自己收藏的网址。

（3）协议：GoINS，SRU Update。

（4）系统：Google 书签，QQ 书签、Diigo、Shouker。

Diigo（Digest of Internet Information，Groups and Other stuff）是一个社会性书签站点，其独特之处在于可以对一个网页的某部分内容进行高亮和注释，而且对这些信息永久保存，只要在任何一台联网的电脑上，用户都会看到这些信息。

Shouker（收客网）是一个提供新型网络收藏服务的网站，和一般的网络书签不同的是，Shouker 不仅提供收藏网站地址的功能，而且还能够保存网页，即使保存的网页不再存在，用户也能够查看相应的收藏的网页。

（5）平台：网络。

（九）检索结果收藏

（1）名称：检索结果收藏（Accession）。

（2）定义：对内容进行加工，从而将其添加到（馆藏）集合中。

（3）协议：METS、WARC、OAI。

（4）系统：文津搜索、SFX、Google 站内搜索。

(5)平台:网站、手机。

(十)检索结果管理

(1)名称:检索结果管理(Manage)。

(2)定义:一个服务使用模型,以定义管理可检索的业务对象(馆藏)集合所需的服务,如索引、备份、镜像等。

(3)协议:各种各样的。

(4)系统:各种各样的。

(5)平台:网站、手机。

(十一)审查:同本节一(三)

六、反馈服务

反馈服务是指为了解各系统的运行使用情况并更好地对其进行管理,根据一套公认可行的方法而得到的相关信息的过程,包括日志、评价、评估、统计、审查。

(一)日志

(1)名称:日志(Log)。

(2)定义:记录服务事件和审查的处理过程及目的,存储系统在一段时间之内的状态信息,创建了一组稳定的、以日期顺序排列的、系统的数据;它经常按类型进行划分,也就是说不同的系统可以给日志服务发送自己的日志信息,反映他们自己的状态,类型可以按等级划分,例如不分等级的可包含事务处理,而划分等级的包括调试、信息、警告、错误。[143]

(3)协议:SUSHI。[144]

SUSHI(NISO Standardized Usage Statistics Harvesting Initiative)是美国国家信息标准协会(NISO)的 Z39.93 标准,即标准化的电子资源使用统计获取协议,是基于 Web 服务的 SOAP(Simple Object Access Protocol)协议,为获取网络电子资源的用户使用统计报告提供自动化的数据交换方法。SUSHI 协议包括一个 XMLSchema 文档以及一段 Web 服务描述语言,它们分别说明了 SUSHI 协议中规定的数据契约

(Data Contract)以及服务端和客户端之间的服务契约(Service Contract)。按照SUSHI的规定,图书馆与数据库商之间传输的“消息”是基于XML格式的,数据交换完全遵循SOAP(简单对象存取协议)。[145]

(4)系统:绝大部分图书馆服务都有日志功能。国家图书馆有ALEPH、Metalib、SFX、网络信息采集与保存系统、国家图书馆数字报纸典藏项目、中国政府公开信息整合服务平台、图书馆情报学开放文库、数字资产管理系统、特色资源管理系统、邮件系统等。

(5)平台:网站、手机。

(二)评价

(1)名称:评价(Evaluation)。

(2)定义:用户在服务获取过程中对服务提供者、服务过程、服务场所及服务结果的满意度表达。

(3)协议:涉及多种协议。

(4)系统:参考咨询系统、邮件系统、在线调查问卷系统。

(5)平台:网站、手机。

(三)评估

(1)名称:评估(Measure/Meaures)。

(2)定义:利用统计学或者其他评价方法,对数字图书馆服务系统进行评估。

(3)协议:SERVQUAL、LIBQUAL、DIGIQUAL(另称为E-QUAL)、MINES(Measuring the Impact of Networked Electronic Services)。

(4)系统:基于电子服务质量评价的数字图书馆服务评估体系、基于LibQUAL + TM的数字图书馆服务质量评估体系。

(5)平台:无。

(四)统计

(1)名称:统计(Statistics)。

(2)定义:指组织、总结和解释信息的一整套方法和规则。

(3)协议:涉及多种协议。

(4)系统:一般的图书馆管理系统均具备该功能。

(5)平台:内部管理平台。

(五)审查:同本节一(三)

第七节　服务构架

一、服务架构概述

数字图书馆服务是一系列项目的集合,如包括获取、编目、存储、检索、保存以及信息的访问利用,同时能将这些服务进行组合,在超大数据量的情况下提供快捷的信息获取服务。数字图书馆是一种服务架构的实现,这一架构建立在特定的硬件、软件、网络环境中,高度强调信息的组织、获取、保存及利用。

数字图书馆服务架构是数字图书馆服务实现的基础。数字图书馆服务架构,应该遵循如下标准:

- 建设费用经济,包括所有软件、硬件和其他一些组件的费用;
- 系统安装和维护的技术门槛低;
- 系统稳定性高;
- 系统具有可扩展性;
- 系统具有开放性和方便的互操作性;
- 模块化设计;
- 用户界面友好;
- 允许多用户并发操作;
- 能处理包括多媒体类型的多种数字资源;
- 系统独立与平台无关(包括客户端和服务器端)。

数据图书馆服务架构设计过程中,应考虑如下原则:

- 服务驱动式

数字图书馆服务架构必须以它所提供的服务以及传递服务的工具以驱动来设计开发。

- 架构开放性

数字图书馆服务架构必须是开放的，并且能支持不同结构系统以及分布式系统间的互操作。

• 可扩展性

数字图书馆服务架构必须具有健壮性、可扩展性。能针对各种信息需要服务提供高度的可靠性，在业务量高发的情况下能保证系统的安全稳定。

• 长期保存机制

数字图书馆服务架构应该能保证数字资源的持续可用性，具备数字图书馆存档和长期保存机制。

• 权限控制

数字图书馆服务架构需要具有严格的权限控制机制，并能分别支持匿名用户和注册用户获取服务资源。

• 实用性

数字图书馆服务架构在提供灵活、实用的服务同时，又要考虑到信息资源处理能力和经济上产生的费用之间的平衡关系。

• 模块性

数字图书馆服务架构模块化设计，能兼容各种新技术新应用，同时又能保留之前的 IT 系统遗留下来的功能模块。

• 时帧性

数字图书馆服务架构的时帧性是指架构在设计之初就要考虑到未来数年内技术升级而带来的系统迁移问题，这种技术上的变迁时帧一般为 3 至 5 年。

二、数字图书馆服务架构技术方案

（一）面向服务架构

SOA（Service-Oriented Architecture，面向服务的体系结构或面向服务架构）是指为了解决在 Internet 环境下业务集成的需要，通过连接能完成特定任务的独立功能实体实现的一种软件系统架构。[146]SOA 是一个组件模型，它将应用程序的不同功能单元（称为服务）通过这些服务之间定义良好的接口和契约联系起来。接口是采用中立的方式进行定义的,它应该独立于实现服务的硬件平台、操作系统和编程语言。这使得构建在各种各样的系统中的服务可以以一种统一和通用的方式进行交互。

SOA 是一种架构模型,它可以根据需求通过网络对松散耦合的粗粒度应用组件进行分布式部署、组合和使用。服务层是 SOA 的基础,可以直接被应用调用,从而有效控制系统中与软件代理交互的人为依赖性。

SOA 并不是一种现成的技术,而是一种架构和组织 IT 基础结构及业务功能的方法。SOA 是一种在计算环境中设计、开发、部署和管理离散逻辑单元(服务)的模型。这一定义阐明了 SOA 的范围。

SOA 要求开发人员将应用设计为服务的集合。SOA 要求开发人员跳出应用本身进行思考,考虑现有服务的重用,或思索他们的服务如何能够被其他项目重用。"单独的"、"独立的"、"封装完善的"服务所具有的一个关键的好处是,可以采用多种不同方法将它们组合成较大型的服务,由此来实现重用。

SOA 的重要特点包括松耦合、可灵活支持业务流程重构、广泛应用标准等,这使得 SOA 更适用于业务系统间的互操作和整合。SOA 适用的主要应用场景包括企业应用集成(EAI)、电子商务、电子政务等。SOA 架构可以帮助客户更快地开发和实施下一代应用,更好地解决针对各个单一业务应用所建设的各自独立系统间资源无法共享、信息割裂等问题。

SOA 架构独立于实现服务的硬件平台、操作系统和编程语言,构建在不同系统中的服务可以用统一、通用的方式进行交互。因此实现 SOA 需要一个平台来在各种不同服务间进行协调、管理。能否使企业的 IT 架构更为灵活,从容地应对市场环境的不断变化;使企业现有的 IT 系统之间充分整合,达到各个业务部门和环节更好的协同;使企业 IT 系统的复用性提高,有效降低 IT 成本,都是衡量 SOA 平台是否满足企业需求的重要参考标准。

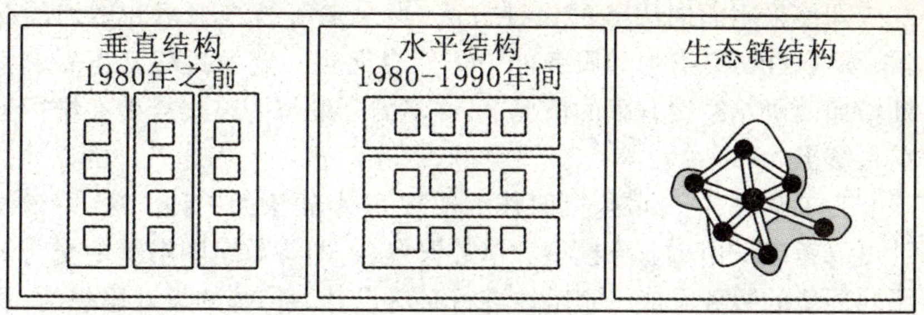

图 4－10　IT 架构图

为了使 IT 环境更灵活且更快地响应不断改变的业务需求并且保证异构系统和应用程序尽可能无缝地进行通信，IT 架构随着企业的这种发展而并行发展，由此演变到面向服务的体系结构，如图 4－11 所示。

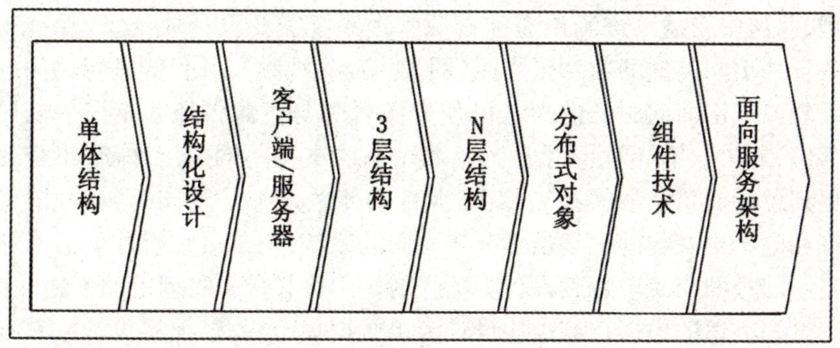

图 4－11　面向服务的 IT 架构图

为了减少异构性、互操作性和不断改变的要求的问题，这样的体系结构应该提供平台来构建具有下列特征的应用程序服务：

- 松散耦合；
- 位置透明；
- 协议独立。

（二）单业务模型

即使采用面向服务的设计方法，当未来新的需求不断增加的时候，图书馆的 IT 架构和服务能力仍然会遇到一定的挑战。当需求不断增加而研发经费有限的情况下，许多的开发努力将会耗费在维护当前系统上。

为了解决这一问题，同时作为实现 SOA 架构的一种方法，系统设计可以考虑采用单业务模型和单数据集合，即将数字图书馆中交错于不同环境的服务看成一个整体进行系统设计。传统的设计思想为，凡是新的需求，都设计一个新的独立的应用再集成在原有的系统中。这种方法导致了服务费的重叠以及资源的浪费。采用单业务模型将新的需求考虑为原有系统的增强，首先关注这个服务是否原有系统已经能提供，如果是新的服务，那么就在原有系统内部增加此服务模块，从而保证服务的可重用性，而不是开发一个新的独立的应用。

在许多方面，图书馆已经将资源管理和资源传递设计成单业务模型，并从中受益。资源传递和资源管理系统需要设计成泛型，保证支持各种不同类型的数字化资源（图片、音频、视频），并且能进行访问的管理。采用面向服务的架构能使资源管理与资源传递共享同一底层存储，或许会有不同意见认为这两个系统支持不同的工作流，不需要将其设计成单业务模型。然而，业务功能最终都是趋同的，如权限管理和电子出版物的征集虽然分属不同的系统，但二者在操作上总有相当一部分的交叉。将其设计为独立的应用势必带来管理上的不便。

图书馆的数据存储也应设计为单数据集合模式，上层设计一系列的数据库逻辑视图提供访问。单数据集合物理上由一个数据库或一系列数据集合构成，将数据存储看做单数据集的特点是，用户将不再需要跨多个异构数据库进行检索，通过逻辑数据视图从根本上解决了跨库检索问题。当用户发来请求时，可通过统一的数据检索模块进行数据检索和排序，无需考虑用户检索的资源类型。正因如此，图书馆可集中精力开发更多的以用户为中心的服务，从复杂的跨库检索开发中解放出来，从而提高服务的质量。

单业务模型是面向服务框架的一种实现方法，采用单业务模型，图书馆将具有更加灵活的 IT 架构，避免重复建设，更多地将精力集中在服务中。

（三）开源软件开发模型

采用开源软件搭建数字图书馆服务平台为数字图书馆的建设提供了一种捷径。在开源软件的稳定性和功能完善性有保障的前提下，采用开源软件是一个不错的选择，毕竟图书馆经费有限。当然开源软件的知识产权问题首先需要慎重地解决。

在资源管理和传递方面，开源软件典型的受益者为 IIPC（国际互联网保存协会）的各成员。[147]由新西兰和英国图书馆开发的 WCT（Web Curator Tool）是互联网络信息采集方面著名的开源软件；[148]国际数字格式注册（Global Digital Format Registry）为图书馆提供了数字资源长期保存的能力，[149]这是单个图书馆很难独自承担开发费用进行系统开发的。同样，在资源发现和访问方面，开源软件 Lucene 深受图书馆的喜爱，被用在元数据仓储和检索系统中，产品的功能性和稳定性也逐渐受到认可。采用 Lucene 而不是其他商业软件也在一定程度上说明图书馆正努力寻找数字图书馆服务的开源软件解决方案。

随着互联网的兴起，开源软件也在加速地发展。目前商业世界也认识到开源软件在降低成本方面的重要意义。图书馆在许多应用中已经采用了开源软件解决方案，同时也有合作项目对开源软件提供了贡献。在基于服务的架构中，图书馆很容易将开源软件集成到自己的系统中进行各方面的测试。

信息技术的进步是数字图书馆实现其服务的关键。在过去的 10 多年里，图书馆已经开发出了一套服务框架支持多种格式的数字资源的发现和访问。框架中的各个部分彼此几乎完全独立，例如元数据仓储和检索系统采用 Z39.50 协议进行数据交互，使得凡是采用 Z39.50 协议实现的模块都能代替原有的模块。然而服务框架中的其他部分却没有统一的标准协议，当需求变更时，又会生成不同的应用，导致功能的重叠和资源的浪费。

SOA 为图书馆的数字服务框架提供了一个很好的解决方案，由于

SOA 采用的都是标准的数据传输协议，因此可以使得图书馆各系统间实现互通互联，实现系统和数据间的高度整合，这将从根本上改变目前图书馆开发和维护 IT 系统的工作方式。其次图书馆在立项开发新的业务系统中一定要做好计划，确定好需要什么样的服务或者是以往的服务应如何加强从而满足新的需求。要认清，服务可以进行迭代式的开发，尽量不开发新的应用系统以满足需求，遵循单业务模型的设计方法。同时，为缩短系统开发周期、降低费用，选择成熟的开源软件是一个很好的解决方案。

以上 3 种策略为图书馆高效、高质量的服务指明了方向，图书馆将更加容易了解读者的反馈并对技术的变更快速地作出反应。

三、数字图书馆服务架构

鉴于数字图书馆架构的复杂性，因此从层次模型、基础架构以及数据流结构 3 个方面来描述。

（一）数字图书馆服务架构层次模型

目前数字图书馆平台的功能并不能完全体现面向服务具有的潜在优势。数字图书馆应设计成最大限度地减少系统间的耦合，从而提高系统的可重用性。基于 SOA 的数字图书馆平台体系架构可以满足这个要求，其概念模型如图 4 - 12 所示。

这个模型由 4 层组成，即访问层、智能层、SOA 层和数字图书馆应用层。访问层负责与终端或伙伴的交互；智能层包括数字图书馆平台中使用的智能技术，智能层直接/间接为用户服务，包括用户需求的语义化、数字图书馆数据的知识化、数字图书馆服务的智能性等；SOA 层是核心层，提供服务间的连通性；应用层包含数字图书馆的基础应用服务。

基于 SOA 的数字图书馆应用使用基于标准的服务，并包括过程数据服务、编排和组合，服务的编排和组合增加了服务的灵活性、重用性和集成性。SOA 层把数字图书馆中需要连接、跨越不同数据中心分布的各种异构系统聚合在一起，同时还保持了事务完整性，是一种理

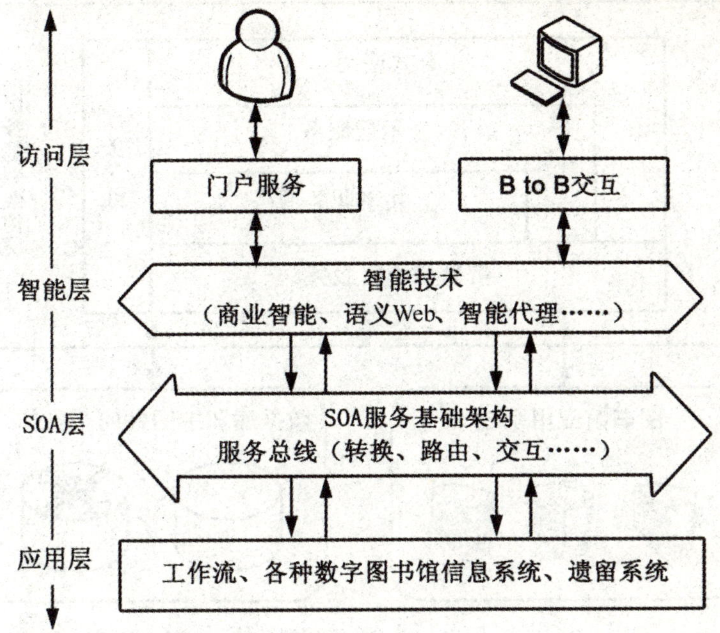

图 4－12　架构层次模型

想的聚合服务基础架构层。

（二）数字图书馆服务基础架构

服务基础架构为数字图书馆各项上层服务提供设计依据，是数字图书馆服务架构的基础和核心所在，如图 4－13 所示。

在这种服务基础框架中，数字图书馆流程的各个阶段中使用以服务为中心的方法，包括组合应用、表示层服务、共享业务服务、信息和访问服务，这些服务通过服务总线无缝连接，并实现与数字图书馆应用系统及数据内容的互联互通与语义层面的互操作，将数字图书馆的数据和内容有效整合，屏蔽应用上的障碍，直接提供面向终端的服务。利用 SOA 进行集成，允许数字图书馆实现灵活的、可重用的、标准的和共享的集成，从而实现具有不同特性的选择。

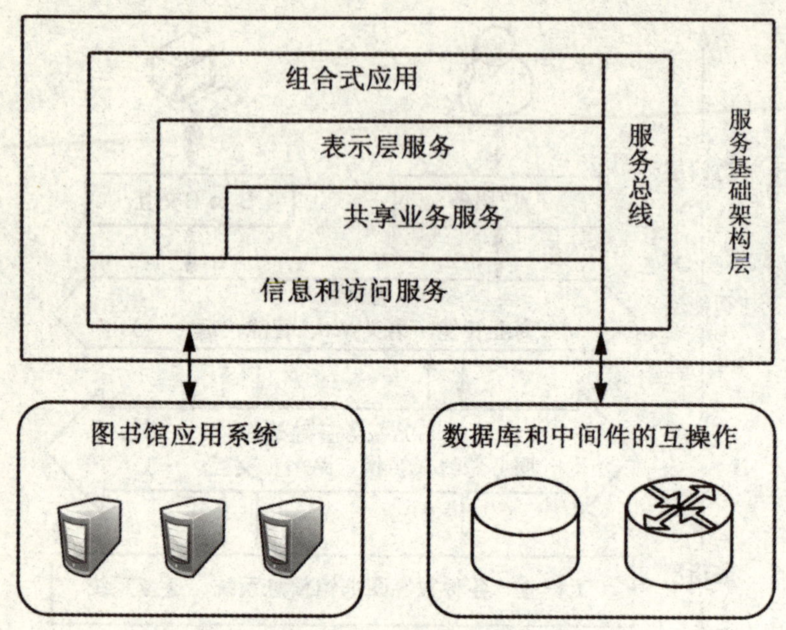

图 4－13　服务基础架构

（三）数据流程结构

业务流程管理在数字图书馆中应用广泛，是数字图书馆平台业务流程管理的一个重要基础。业务流程管理能够串联各种服务以形成数字图书馆流程或信息流。

从图 4－14 可以看出，数字图书馆平台工作流是一个业务驱动的过程。工作流管理模块通过 Web 服务接口与数字图书馆平台的服务组件进行交互，该模块包括工作流的建模、工作流程编排以及工作流引擎的执行。数字图书馆平台的服务组件通过 Web 服务提交工作流请求后，工作流管理模块通过工作流建模，实现对业务的描述，然后对所有流程进行编排，提交给工作流引擎，流程引擎将启动一个自动的过程来保证流程的自动执行，最后将工作流引擎执行的结果通过路由返回到发送请求的服务组件，完成工作流的一个生命周期。这种基于服务的业务流程，可以让门户中各个子系统完全解耦、独立，从而通过

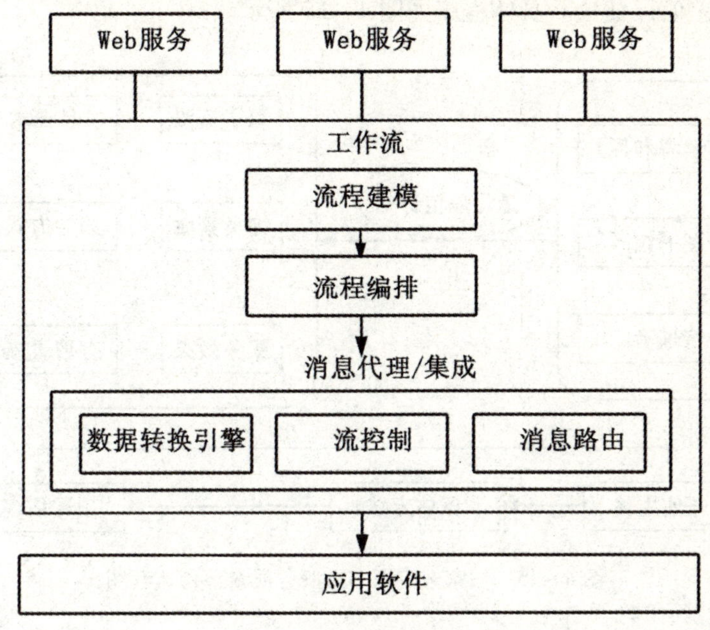

图 4－14　数据流结构

工作流来实现其间的控制和互操作。

第八节　质量评价

数字图书馆服务的评价方法更是近几年的研究热点之一。1999年，美国学者 Lakos 提出图书馆需要创建"评价文化"，因为评价是了解用户需求和图书馆现状的重要衡量因素。[150]"质量评价"是用于量化和评估数字图书馆服务行为质量的一整套体系和参数。评价参数中，一部分是客观的，可以自动进行测量；另一部分是主观的，需要通过用户评估等方式进行。

国家数字图书馆服务质量评价，将分别由图书馆馆员、图书馆的管理人员，以及读者和用户进行评价。评价内容包括：数字资源、信息技术、馆员素质、服务方式、服务效果、有形设施等内容。评价方法是量化差值评估法。具体程序如图 4－15 所示。

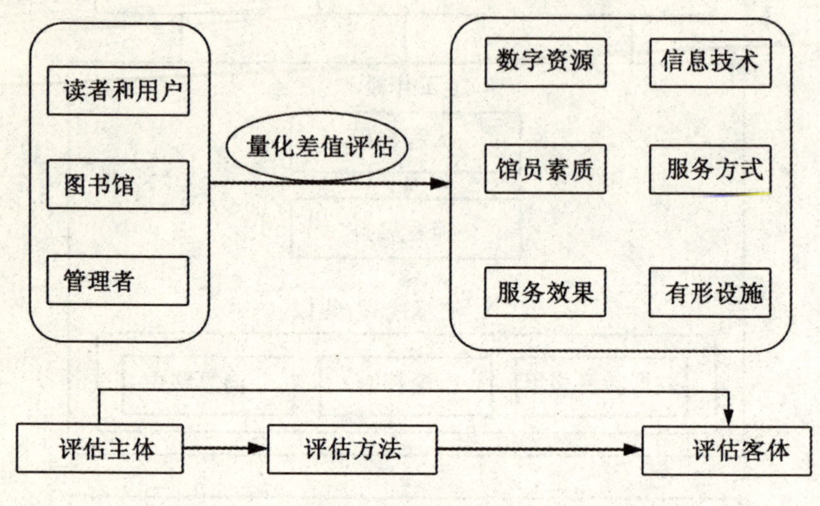

图 4－15　国家数字图书馆服务质量评价流程图

一、馆员客观评价

资金的投入是国家数字图书馆提供服务的基础,资源的使用状况是数字图书馆所提供服务效果的一种体现,对用户和相关馆员的针对性培训则影响着资源和服务使用效率。在国家数字图书馆服务质量评价体系中,很多客观问题需要由图书馆的馆员或者数字图书馆相关的管理人员进行回答,例如:数字资源总量、多媒体资源数量、网页点击率、资源下载量、成本投入等。这些问题只有相关的负责人才可以给予客观准确的解答,而这些方面的问题是评估国家数字图书馆服务质量的一个重要内容。在借鉴了上海图书馆与上海科学技术情报研究所提出的"数字图书馆评估指标体系"的基础上,[151]结合国家数字图书馆服务的自身情况,我们提出了国家数字图书馆服务质量评价的客观部分,详细指标如表 4－1 所示。

表 4-1　国家数字图书馆服务质量馆员客观评价表

评价内容	指标名称	取值单位	说明
数字资源	二次文献数据库数量	记录数	所有二次文献或书目数据库
	全文数据库数量	篇数/字节	数字期刊全文、电子书等
	多媒体数据库数量	字节	多媒体资源数量
	自建特色数字资源总量	条数/字节	自建的具有本馆特色的数字资源数量
硬件设施	读者上网使用的计算机数	台	检索和下载全文、视音频等数字资源
	无限网服务	接口数	供读者自带电脑上网的网络接口数
	网络带宽	Mbps	上网的网速
资源使用	注册用户数	人数	具有网络访问权限的注册用户
	网页/资源访问数	年总数/日均数	资源网页点击率
	资源下载数	篇数/字节	
	网上参考工作提问数量	年总数/日均数	读者在线提出问题的数量
	网上答疑数量	年总数/日均数	在线回答读者提出的问题的数量
	用户服务好评率	百分比	用户对图书馆为其提供的服务的评价
管理	电子资源订购成本	元/美元	每年数字载体资源订购的总金额
	电脑使用率	时间	每台电脑每天平均使用时间
	资源使用的用户培训数量	时间/次数	对用户进行培训的时间或次数
	工作人员培训情况	时间/次数	工作人员受培训的人均次数或时间

指标测度完成后可以将评估中所取得的绝对数值转化成相对值或者分值，以便进行比较。各指标的加权方案可以由不同的评估主体在实施评估前采用专家调查法等一定的方法进行确定。[152]

二、用户主观评价

数字图书馆信息服务强调的是“用户主导”，也就是说，用户的需求和信息行为引导着数字图书馆信息服务的发展方向。因此，数字图书馆信息服务质量的评价同样应该考虑用户的感受和需求，评价的目的就是检查数字图书馆完成了哪些数字化任务，满足了用户的何种行为模式，以及知识信息资源的收集、再现、挖掘、组织、存储、管理和发布效果。[153]

LibQUAL + TM 是一种以用户为中心的服务质量评价方法，该方法把与图书馆服务质量相关的问题分成了若干个方面，每个方面由若干问题组成，针对每个问题，请用户回答他所期望的服务水平和实际感知到的服务水平，以及最低可容忍的服务水平。通常实际感知到的水平会落在期望的水平和最低可容忍的水平之间，期望的水平与实际感知到的水平反映图书馆服务的差距，如果实际感知到的水平低于最低可容忍的水平则应引起高度关注。[154]

国家数字图书馆服务质量评价方法充分借鉴了 LibQUAL + TM 等国际上比较权威的服务质量评价方法，通过量化打分的方式，调查读者对数字图书馆服务的满意度，也就是用户接受信息服务的实际感知与预先期望比较的程度。对于每一个指标，用户从可接受的最低服务水平、实际感知的服务水平和理想的服务水平 3 个角度予以评判，每一个角度设置 9 个评分等级，用户根据实际感受选择 1—9 作为该问题的得分。该评价方法将通过计算读者对数字图书馆服务的各项指标的 3 个评价值之间的差值，来评估服务质量，监督服务行为。其中国家数字图书馆服务评估客体各个大类的具体指标体系如表 4 – 2 所示。

表 4－2　国家数字图书馆服务质量用户主观评价表

评估层面	指标问题
数字资源	资源全面性和丰富性 错误率/精确性 资料的权威性 时效性及是否长效 资源组织及展示的集成性 易用性 ……
信息技术	网站的易导航性 原始文献获取的便捷性 帮助用户自己找到所需信息的简便易用的工具 知识挖掘性能 网站布局清晰度,界面友好性 网站设计 系统质量 互操作性 使用效率 数字图书馆存在的持续性(是否可以永久实时地访问) 电子阅览室建设的完备性 网站资源访问的安全性 无线网服务 ……
馆员素质	是否具有娴熟的信息检索技术 外语水平 熟练掌握数字图书馆拥有的各项业务 对各学科最新动态信息的掌握 知识面广,综合能力强 能够理解用户的需求 对读者所咨询问题的耐心指导和细心解说 随时随地回答用户问题 培养用户的自信心 尊重读者 对于特殊读者给予特别的关注和关心 ……

续表

评估层面	指标问题
服务方式	读者培训是否完善 智能信息推送服务 个性化、专门化服务 体现本地特点的特色服务是否健全 网上用户指南 在线答疑服务 数字参考咨询服务 ……
服务效果	能够从家中或办公室等图书馆外获得电子资源 无人帮助时用户也能轻松获取信息 帮助读者了解其所在领域的最前沿发展动态(新) 信息的完备性(全) 信息的满足率(准) 使读者在学术研究方面更有效率 帮助读者区分值得信赖和不值得信赖的信息 教会读者在学习和工作中获取所需信息的技巧 帮助读者了解它所能提供的各种服务 提供了方便的服务时间 ……
有形设施	有让用户轻松查到信息的现代化设备 电子阅览室的计算机数量 电子阅览室环境是否舒适,是否吸引人 宁静的电子阅览查询环境,利于学习和研究 有适合开展小组学习和讨论的空间 能为用户提供所需的印刷型或电子资料 ……

国家数字图书馆服务质量评价系统的评价内容包括:数字资源、信息技术、馆员素质、服务方式、服务效果、有形设施等几大部分,每一部分又详细分成了若干具体的评价指标,评估者可以对每一个具体指标进行打分评价,最后通过差值计算得出评估结果。

数字资源是数字图书馆存在的基础,也是数字图书馆提供信息服务的前提，因此，国家数字图书馆应该拥有全面、准确、权威、永久、易用的数字资源。数字图书馆是以网络为基础提供服务的，国家数字图书馆的信息技术水平是实现信息服务的基础，该项内容包括网站的易导航性、界面友好性、互操作性、访问安全性等评价指标。随着图书馆中信息技术应用的不断深入和数字图书馆技术发展的日趋成熟，现代化的数字图书馆服务需要一支既具有较强的图情专业知识和外语水平，又具有娴熟的信息检索技能和实时把握各学科最新动态为用户提供最佳情报决策服务的潜能的现代化馆员队伍与之匹配，因此，对图书馆馆员素质的评估不可或缺。[155]该部分内容包括图书馆馆员的信息检索能力、外语水平、知识面广度、耐心程度、人格等评价指标。服务效果是图书馆信息服务质量评价的重要指标，它从用户的角度反映服务质量的好坏，是一种结果评测方法。国家数字图书馆信息服务效果评价的内容主要包括：服务的方便性、信息的完备性、信息的满足率等。服务方式是实现服务效果的方式，是将数字资源最大化地推送给用户的手段，也是决定服务效果成败的一个重要因素。国家数字图书馆信息服务方式的评价内容包括：读者培训完善性、智能信息推送服务、在线答疑服务等指标。有形设施是国家数字图书馆提供服务的物质基础，主要包括：让用户轻松查到信息的现代化设备、舒适的电子阅览室环境、适合开展小组学习和讨论的空间等评价指标。

上述表格中多数评价指标的含义根据其描述即可理解，下面对几个专业术语进行简单解释。

（1）布局清晰度：指各要素布局的合理性和对用户的导航性。

（2）网站设计：指网站的设计能快速、准确地引导用户满足其需求，包括网站信息管理的条理性、易用性（检索手段方便性和完备性、资源格式易转换、能跨库跨语言检索等）、服务的可获得性（指用户进入服务过程的难易程度）、互操作性等。

（3）系统质量：是网站的技术功能，指系统的正常运行及系统响应速度，包括系统全天服务、运行速度快且不会瘫痪等。响应性指对用户的请求能快速响应，即数据、业务处理速度快，包括链接打开速度快、下载速度快等。

(4)知识挖掘性能:从大量的、随机的实际应用数据中能否发现潜在有用的信息和知识。

(5)使用效率:检索、浏览、下载数字信息资源的效率与时间。

(6)智能信息推送服务:是指能否帮助用户在网络海量信息中高效、及时地获取最新信息,并能主动地将符合要求的信息推荐给用户。

(7)专门化、个性化服务:是指能否针对每一个用户的独特信息需求进行有针对性的服务,将其感兴趣的信息推荐给用户,进而满足用户的个性化需求。

搜集并获取真实可靠、全面综合的评价数据是数字图书馆服务质量评价的基础。数字图书馆服务评价的数据收集方式主要有以下几种:在线问卷调查、数字图书馆日志、数字图书馆网上论坛、电话访问、个人访问、电子公告板(BBS)、用户评估组、学术会议等。[156]为了提高数据收集的广度、深度以及质量,上述指标问题的评价数据,可以同时采用几种方式收集,以获取全面、客观的数据。同时,由于读者阅历、知识层次不同,会影响到其对各个指标的打分标准,因此,有必要在为各个指标分配权重时充分考虑被调查者的“图书馆阅历”。

第五章　国家数字图书馆服务发展展望

数字图书馆的诞生与发展，为图书馆事业带来了革命性变化。对于读者来说，从前所依赖的物理空间正逐渐转化为虚拟的网络空间。数字图书馆提供给读者的，不仅限于空间位置的转换，更是智能、灵活、个性、全面的服务模式转变。互联网与信息技术的不断发展，是推进数字图书馆走向成熟的关键因素所在，Web2.0 技术是实现向读者提供推送与互动服务的驱动力，网格服务、SOA 等应用技术将可以实现数字资源、信息资源的有效整合与共享。数字图书馆促成了传统意义上的图书馆向现代图书馆的转变，曾经以文献馆藏为依托、为有限读者提供借阅服务的图书馆，被以现代科技为支撑、以用户为中心、提供个性化多元化服务的现代图书馆所取代。

如前所述，国家数字图书馆具有多元化的服务对象，其服务方式、服务平台也具有多样化的特点。但在用户交互、评价等方面仍有所欠缺。鉴于此，国家数字图书馆未来的服务发展任务，将围绕以下 4 个重要主题内容展开。

第一节　有利的外部发展环境与稳定的内部运行环境

一、外部发展环境

目前国家数字图书馆战略项目的实施得到了国家的极大重视与支持，资金与政策保障是国家数字图书馆不断取得重大阶段成果的重要支柱。网络数字化生活的深入引发用户对数字信息的极大需求，也提高了用户对于数字图书馆服务的要求，这种供需不平衡正推动着国家数字图书馆在国家政策与资金的支持下顺利、快速地向前发展，为用户提供便捷的检索功能与全面而准确的信息资源。

完善的图书馆法律体系，是未来国家数字图书馆发展中解决版权、知识产权等难题的有力保障，也是数字图书馆走向成熟不可或缺的条件。因此，推进我国图书馆立法的建立完善，是目前图书馆行业甚至整个社会的紧迫所需。

2006 年 7 月，国家图书馆启动的“创新人才计划”以及近年来人才引进及培养机制有效地保证了今后数字图书馆发展过程中人才结构的合理建设，国家数字图书馆将充分利用人才优势提高数字图书馆服务与业务水平。

同时，国家图书馆加强与世界范围内同行之间的沟通与合作，与美国国会图书馆等世界先进图书馆交流，参与多项重要国际会议及项目的建设如“世界数字图书馆”等，这些交流经验必将在日后的国家数字图书馆建设过程中起到启示性作用。

二、内部运行环境

国家数字图书馆将以分布式的数字化信息为馆藏资源。面对多种多样的数字信息资源，国家数字图书馆需要在相关图书馆法的保护下，确定数字资源存储的标准，选择合适的存储介质，在遵循数字资源保存的生命周期规律下建立可靠的保存系统与保障机制，有效地实现数字信息资源长期保存的目标。

国家数字图书馆将会提供完善的系统环境服务于用户读者。国家图书馆二期工程暨国家数字图书馆工程的建成使用，不仅为用户读者创造了优美开阔的阅读环境，强大的服务器性能与联机公共目录管理系统等系列资源管理系统充分满足了用户对于快捷检索、应用信息资源的需求。而“以用户为中心”的服务模式理念会为数字图书馆引进更多的诸如 SOA、网格技术等将服务方式深化到用户操作中，实现服务的推送与互动。

第二节　兼顾多元化与灵活性的功能集合

数字图书馆的功能，可以大概分为数据存储、信息分析与整合、用户操作使用 3 个层面。

一、数据存储

数字图书馆的核心是数据,因此数字图书馆服务长远发展的关键是处理好数据采集存储的问题,使其能够遵循数字资源的生命周期更好地满足用户需求及图书馆保存的需要。来自网络与电子媒介途径的信息资源具有内容海量、形式多样、质量混杂、易丢失等特点。国家数字图书馆在未来将会利用有效的软件技术,对巨大数量的数字信息资源进行采集和筛选,重点解决数字资源的有效长期保存问题,并结合实际应用的需求和技术发展变化在数据管理方面及时调整。

二、信息分析与整合

数字资源的使用远不同于传统馆藏资源的功能作用。图书馆员在固定的空间被动地根据用户需求提供指定馆藏文本的场景将逐渐被取代,国家数字图书馆接收到用户提出的信息需求后,将利用快速便捷的检索功能从底层数据库中寻找到有帮助性的信息提供给用户。这个几近瞬间完成的过程,背后既需要有对复杂信息的系统支持能力、对信息处理的分析与评估能力,还需要对海量对应信息的整合与发布能力。最后以简便、易操作的形式呈现给用户的,将是超越用户原本需求程度的、为用户提供更多知识的信息内容,这是国家数字图书馆服务由文献提供向知识提供的转变。

三、用户操作使用

"以用户为中心"的国家数字图书馆服务将注重与用户的交互性。首先是扩展与延伸面向读者用户的服务平台。平台建设将不断更新简易、智能、可视化的用户操作界面,丰富用户获取和阅读信息资源的媒介工具。随着数字化生活对人们行为习惯的深入影响,数字图书馆的服务平台也不再局限于图书馆原有意义的空间范围内,推动服务平台移动化的快速进步将成为国家数字图书馆未来发展的一大方向,国家数字图书馆将以人们获取信息的常用方式习惯为研究对象，把服务推送到用户的日常信息行为中去，用户随时随地享受国家数字图书馆的服务即会成为一种习惯。“除了传统的 OPAC、图书馆网站、触摸屏等，还包括卫星、手机、PDA、数字电视等新的服务终端，它们是数字图书馆服务新的硬件平台。针对这些终端设备的特性，我们需要设计不同特点的用户服务，增强数字图书馆的个性化特点”。[157]

第三节　丰富的服务内容与方式

一、“用户体验”式的服务内容

国家数字图书馆的服务内容涵盖了传统的借阅书籍、信息检索、保存收藏，以及新型服务框架下的多种信息增值服务，如用户注册与登记、在线学习与教育、基于网站的互动服务、数字电视服务、电子商务、统计与评估等，立足在用户体验的角度开发建立服务内容。

(1)收藏服务。提供一个开放存取的平台，用户可以捐献自己或经他人授权的作品，工作人员可以进行有选择性的收藏、加工以及长期保存。

(2)登记服务。提供包括用户信息、收藏政策、资源提供者信息、资源存取与使用政策，以及为满足图书馆间集成服务需要的资源与服务的接口信息(参考 NISO Z39.91、Z39.92 标准)。依据共建共享原则，建立国家公共图书馆数字资源与服务登记中心，对公共的资源与服务进行登记注册，尤其是收藏政策、服务政策以及资源接口信息，以实现国家公共图书馆之间的信息互动交流，并能根据统一的标准进行建设。

(3)元数据统一检索。通过元搜索平台，以及元数据门户整合、联邦检索整合、开放链接资源整合、门户链接、开放链接与互操作、统一元数据捕获、与其他机构元数据连接与收割等方式，实现元数据统一检索。

(4)虚拟参考服务。通过虚拟参考服务平台，利用馆内外数字资源和传统文献,建立和完善参考咨询数字资源库,实现为不同类型用户提供网上数字参考的实时服务;在服务过程中建立咨询档案库、咨询样例库、数字参考工具书数据库和个人知识库。

(5)电子邮件与短信服务。通过电子邮件和短信服务平台实现网上注册、网上阅读、新书推荐、办理续借、服务通告等用户服务功能。

(6)信息推送服务。通过信息推送和文献传递平台实现根据用户要求提供定制信息服务和信息推送服务,满足用户个性化信息资源的需求。

(7)视频会议与数字广播。通过网络实现视频会议和数字广播服务,提供读者和图书馆员的专业培训,以及国际、国内、专业视频会议和培训服务。

(8)数字电视接收与播放。通过数字电视实现节目播放,为用户提供数字图书馆的相关资源和服务。

(9)特殊人群服务。有针对性遴选资源,通过特殊技术手段和方式,为特殊群体提供数字图书馆的资源和服务。

(10)电子商务。通过网络以及统一认证、门户网站、资源服务平台,实现网上支付,提供网上支付服务;实现服务系统与银联系统连接,第三方认证等管理,对网上支付进行管理;满足非到馆用户查阅数字资源和网络信息资源的需求。

(11)统计评估。建立可量化的服务指标定量评估体系,根据这个指标,对于获得的资源内容方向、资源组织方式和方法、服务组织方式和方法、用户使用数字图书馆的行为、用户使用数字图书馆的效能和效率等进行调整和监控。具体包括:

• 各个服务子系统的日志文件的清理、入库;

• 各个资源组织、服务组织、读者信息的清理、入库;

• 能够根据需要设定统计指标体系,并输出相关的数据供管理决策使用;

• 各个分系统设立数据采集头;

• 统计与评估系统设立数据仓库。

二、灵活主动的服务方式

数字图书馆的用户门槛较低,国家数字图书馆的用户群将会比传统图书馆的用户群成倍增加,甚至逐渐与社会网络信息的用户群持平。每个用户的知识与社会背景迥异,对数字图书馆的服务需求也就因人而异。因此国家数字图书馆将就不同级别和信息需求程度的用户,在与图书馆交互时根据不同情况提供灵活的服务方式。如前所述,通过网上注册、网上支付、文献传递、信息推送、电子阅览室、网上虚拟参考咨询等方式可以将海量用户复杂的信息需求进行分类操作,有利于提高数字资源服务的效率与有序性。信息推送与网上虚拟参考咨询服务是 Web2.0 环境下,促进图书馆与用户沟通交流的重要服务方式,灵活动态的服务方式将从与用户的交互中吸收信息资源来促进图书馆本身发展。

第四节　科学合理的服务质量评价体系

建立完善的服务质量评价体系,是监督数字图书馆各个环节运行状态的必要手段,也是获取用户使用反馈的最佳途径。数字图书馆以向用户提供全面快捷的信息服务、满足大众用户群体的信息需求和期望为服务目标。因此,国家数字图书馆的服务质量评价将以用户为中心,围绕用户使用数字图书馆的切身体验评价和检测自身服务,结合定性与定量的专业统计分析得出服务内容和服务方式的可行性和需改进之处。服务质量评价的内容主要有:

(1)数字图书馆的基础设施建设。如图书馆管理系统、服务器和网络结构模式、网络交换功能、电子阅览室、信息网络化环境,以及支撑数字图书馆运行的技术基础等。

(2)数字图书馆的信息资源建设。既包括通过原有文献数字化、购买光盘等采集来的数字资源,又包含通过网络等新渠道搜集的信息资源。评价体系要保持对信息资源测评的科学性与合理性。

(3)数字图书馆的图书馆员素质。数字时代人们对信息的依赖程度越来越高,对数字图书馆馆员的服务要求也随之提高。作为国家数字图书馆馆员,不仅要掌握熟练、专业的图书馆情报知识,更要有对信息检索和整合的综合能力,保持对动态信息领域的敏感度,具有善于思考创新的学习能力和参与国际合作交流所必需的外语水平。通过科学评估方法,鼓励培养出一批热诚敬业的高素质复合型人才,作为国家数字图书馆的人才资源支柱,是国家图书馆未来的重大发展战略之一。

(4)信息服务方式。服务评价体系除了对传统的服务方式进行评估外,还将加强对数字图书馆为用户提供的个性化信息服务、虚拟参考咨询服务、创新性的服务、用户教育培训方面的测评。这些形式多样、新颖的服务方式将贴近用户需求,通过国家数字图书馆的服务平台将信息资源以灵活、交互的形式呈现给用户。在实现这一过程时,国家数字图书馆的角色不再是被动的,但以满足用户体验要求为服务目标的数字图书馆,会通过服务评价体系收获的评估数据及时、准确地掌控调整服务方式,从而优化服务效率和服务质量,确保用户的利益最大化。

(5)信息服务效果。信息服务效果是服务评价体系的最后一个环节,也是数字图书馆建设的最终目标,是数字图书馆服务水平与服务质量的直观反映。因此,信息服务效果评价是评价体系中最重要的指标之一。国家数字图书馆秉承了传统图书馆的服务效果评价内容,主要包括服务及时性、信息完备性、信息满足率等内容。

第五节　结合实际　开拓进取

目前,国家数字图书馆的建设实施正处在关键时刻。我们将坚持“边建设,边服务”的原则,在数字图书馆的现有服务中探索新的服务理念、采用新的服务方式、延伸数字服务平台、不断扩大服务范围。国家数字图书馆的服务框架兼顾便捷性与灵活性、集中性与分散性,通过完善的数字图书馆系统和科学管理系统完成服务过程。

国家图书馆网站近期向用户展开的关于传统阅读与数字阅读习惯调查(详见附录)显示,当前约过半数的参与调查用户对国家数字图书馆的服务基本满意,但仍有近半数人表示目前的数字图书馆服务不能满足其要求。许多用户提出了诸如放宽获取资源的空间限制、加强阅读器的服务功能、优化可视界面、完善检索功能等建议。在另一项对网站服务的调查问卷中,参与调查的用户也表现出了对国图网站采用Web2.0新技术的强烈期待,以及用户与图书馆之间、用户与用户之间建立沟通平台的迫切愿望。但从用户对新技术的了解和应用情况上看,图书馆对用户的教育培训也是我们需要加强的服务内容。

由于国内外对数字图书馆的发展模型仍处于摸索时期,国家数字图书馆的建设既要充分了解和学习国外先进的软硬件应用技术和模式经验,又要结合国内数字图书馆建设的内外环境特点和国内服务对象的实际需求,与国内外其他数字图书馆建立密切的沟通合作,在数字资源采集和存储等方面达成相一致的协议标准,重点解决数字资源的长期保存和数字版权等难题,使中国国家数字图书馆早日成为资源丰富、服务完备的世界一流数字图书馆,以及全球范围内中文信息资源最全的国家级数字图书馆。

结 语

本研究首先对国内外有关数字图书馆服务框架研究进行了比较全面的总结，随后结合实际，提出国家数字图书馆服务框架。

从国内外已有研究成果来看，美国、欧洲、澳大利亚等已开展了有关数字图书馆服务框架的研究，而国内在此环节还较为薄弱。本课题研究在国内业界具有一定的示范意义。

数字图书馆的社会价值与它的服务是统一的、不可分离的。也就是说，服务本身就意味着价值。新的环境下，用户信息需求种类更加多样化，信息获取也来自更多渠道，并且影响用户信息行为的因素也更为复杂。本课题为国家数字图书馆服务框架研究，不仅提出了较为完善的理论模型，并且在内部、外部以及社会人文环境框架下设计了功能完善的服务框架。

作为涉及信息技术、信息组织、信息服务等功能的组织形式，数字图书馆是一个具有极大包容性的综合性概念，是图书馆学情报学的重要研究领域。从本质上说，数字图书馆是一种网络化、数字化的信息服务机制。随着信息资源数字化和信息交流网络化，数字图书馆已经逐步成为信息组织和信息服务的基础设施，并且逐步与数字教育、数字科研、电子政务、电子商务等领域的建设相结合，共同构建新型的数字化工作环境和学习机制。然而，用户对数字图书馆服务的期望值也随着社会的发展和互联网的“升级”而增长；就数字图书馆方面而言，图书馆从传统图书馆发展到数字图书馆，服务空间相应由实体空间扩大到网络空间，网络比非网络传媒优胜的地方在于“互动”，数字图书馆强于传统图书馆的地方就在于数字图书馆利用技术的优势为用户提供了更多互动的可能。数字图书馆的服务方式从直接的面对面服务发展到间接的网络互动式服务，使得数字图书馆服务逐渐趋向多元化和互动化，数字图书馆服务的理念和内涵也变得复杂起来，需要我们重新认识和加深理解，重新设计和优化配置数字图书馆各项功能和服务，满足新环境下的用户需求。

数字图书馆是由信息、服务和用户共同组成的知识环境，是知识社会实现知识价值转化和增值的基础设施，其最终目标是实现人类知识的普遍存取。数字图书馆的社会价值在于实现数据和信息向知识的转化，并通过特定的服务形式满足用户需求，为创造社会价值。数字图书馆创造价值的基础是信息和知识，手段和途径是服务，目标和对象是用户。因此，服务是数字图书馆实现"知识"和"用户"互动的必备条件，具有中间件的代理特征。

数字图书馆是图书馆信息化的表现形式和价值再造的组织形式，随着信息技术环境、社会环境和人文环境的变化，数字图书馆服务的内涵和外在表现都呈现出分布性、动态性和复杂性的特点，因此我们要对数字图书馆如何发挥社会价值进行高层规划和顶层设计，也就是要制定数字图书馆的服务框架，它既是研究数字图书馆未来发展的理论模型，也是指导数字图书馆建设实践的行动指南。虽然数字图书馆在不同的语境下有不同的理解和表现形式，但数字图书馆作为知识社会基础设施的前提，决定了其具有基础性、兼容性、公平性、开放性和参与性的特征，同时也决定了其具有民族性、文化性和政治性的社会属性。国家数字图书馆是中文语义环境下反映中华民族文化的知识基础设施，因此，我们既要遵循世界数字图书馆的发展规律和趋势制定我国的数字图书馆服务框架，同时更要结合我国的科技、文化和社会国情制定我国的数字图书馆的服务框架。

数字图书馆的服务框架涉及政策、标准、组织、模式、技术、流程、管理、行政、评价等诸多方面，兼具理论研究和实证研究的特点，兼具社会科学和自然科学的要素。我们本着"提出问题—分析问题—解决问题"的思维路径完成了本次科学研究，但鉴于理论基础、专业知识和未来视野的限制，并没有能够完全实现解决问题的目标，本课题的国家数字图书馆框架设计还有待在实践中进一步完善。本课题研究旨在抛砖引玉，我们清楚地知道，目前的研究成果还称不上问题答案，更像是寻找答案的一个学术探索，不过通过研究我们认识到，数字图书馆服务框架是规划和建设数字图书馆的战略性任务和课题，涉及数字图书馆发展的整个生命周期，需要给予足够重视和资源配置，并应尽早进行高层设计和制度安排。我们认为，本课题组通过给出的数字图书馆服务的相关概念和实体的文本和语义描述为后续研究奠定了一定的思想基础和语义基础，我们期待本课题的研究能够为后续研究奠定一定程度的文本表述和术语表达的共识。

未来的数字图书馆服务框架研究应不仅对以往研究进行总结和继承，更应有整体的考量和推进，使得框架具有整体性和可借鉴意义。服务框架设计也应该更加本着开放、方便及可持续发展等原则，着眼用户需求，全方面扩展功能和服务，兼顾多元化与灵活性，建立良好而科学的评价体系，更好地满足用户需求。

著名的管理学大师汤姆·彼得斯(Tom Peters)指出："前景是美学的和精神的，同时也是战略上合理的。前景来自内部，同时也来自外部。它们是个体的，也是面向群体的。创造未来和价值是一个棘手的艺术性工程。实现未来则毫无疑问是一个充满激情的过程。"就让我们在不断完善与提高的充满激情的过程中实现数字图书馆的未来。

参考文献

1 柯平.理解图书馆服务——新图书馆服务论之一.图书馆建设,2006(3):12-16

2 ISO 2146 - Information and Documentation-Registry Services for Libraries and Related Organizations (ISO TC46 SC4 Working Draft, 13 December 2005). http://www.nla.gov.au/wgroups/ISO2146/n197.doc

3 National Service Framework documents. [2009-02-20]. https://wiki.nla.gov.au/download/attachments/15989/Service+framework20081124+V+0.91.doc?version=1

4 Dempsey L., Lavoie B. DLF service framework for digital libraries: a progress report for the DLF Steering Committee. (2005-05)[2009-02-20]. http://www.diglib.org/architectures/serviceframe/dlfserviceframe1.pdf

5 中国大百科全书本卷编纂委员会.中国大百科全书·图书馆学情报学档案学.北京:中国大百科全书出版社,1993:423

6 何怀.关于数字图书馆发展过程中的服务工作.苏州大学学报(工科版),2005,25(6)

7 Greenstein, Daniel I., Thorin, Suzanne Elizabeth. The Digital Library: A Biography. Digital Library Federation (2002)

8 Vittore Casarosa. DELOS——Reference Model for Digital Libraries. [2009-02-20]. http://elag2007.upf.edu/papers/casarosa.pdf

9,65,111,119-121 L. Candela, et al. The DELOS Digital Library Reference Model - Foundations for Digital Libraries. http://www.delos.info/files/pdf/ReferenceModel/DELOS_DLReferenceModel_0.98.pdf

10 王洪娟.数字图书馆服务特点分析与启示.赤峰学院学报(自然科学版),2007,23(4)

11 夏年军.基于数字图书馆的服务模式研究.图书馆论坛,2004,24(3)

12 Brian Lavoie, Geneva Henry, Lorcan Dempsey. A Service Framework for Libraries. *D-Lib Magazine*, 2006(12)[2009-02-20]. http://www.dlib.org/dlib/july06/lavoie/07lavoie.html

13 Sayeed Choudhury, Benjamin Hobbs, Mark Lorie. A Framework for Evaluating Digital Library Services. *D-Lib Magazine*, 2002(18) [2009-02-20]. http://www.

dlib. org/dlib/july02/choudhury/07choudhury. html
14 李力. 数字图书馆:美国的建设与启示. 现代情报,2005(1):95 - 97
15 申晓娟. 数字图书馆建设模式比较研究. 武汉:武汉大学硕士学位论文,2005
16 李伟超,王兰敬. 美国数字图书馆项目建设回顾. 新世纪图书馆,2003(3):63 - 68
17 俞菲,徐敏刚. 美国数字图书馆启动计划概述. 现代图书情报技术,1999(4):188 - 191
18 [2007 - 11 - 28]. http://ockham. library. emory. edu
19 [2007 - 11 - 27]. http://www. smete. org
20 [2007 - 11 - 27]. http://dlbox. nudl. org
21 [2007 - 11 - 28]. http://is. njit. edu/dlsi
22 [2007 - 11 - 28]. http://www. is. njit. edu/integral
23 [2007 - 09 - 28]. http://www. diglib. org/architectures/serviceframe/dlfserviceframe1. htm
24 [2007 - 11 - 28]. http://www. oclc. org/asiapacific/zhcn/news/releases/200644. htm
25,60 [2007 - 11 - 28]. http://www. fedora. info/about
26,62 [2007 - 11 - 30]. http://www. fedora. info/download/2. 1/userdocs/server/features/serviceframework. htm
27,32 [2007 - 11 - 28]. http://www. ukoln. ac. uk/services/elib
28 [2007 - 11 - 28]. http://gallica. bnf. fr
29 [2007 - 11 - 28]. http://www. inria. fr/rapportsactivite/Ra-Dev97/MEDIACULTURE/mediaculture8. html
30 [2007 - 11 - 28]. http://www. jouve. fr
31 [2007 - 11 - 28]. http://www. enluminures. culture. fr/documentation/enlumine/fr
33 [2007 - 11 - 28]. http://elib. lib. tsinghua. edu. cn:8080/digitalLib/release/dldetailinfo. jsp? id = 47&type = 8
34 [2007 - 11 - 28]. http://www. diligentproject. org
35 [2007 - 11 - 28]. http://ec. europa. eu/i2010
36 [2007 - 11 - 28]. http://www. emeraldinsight. com
37 [2007 - 11 - 28]. http://www. csa. com/htbin/dbrng. cgi? username = nlc87&access = nlc876&cat = acrclust
38 [2007 - 11 - 28]. http://www. ecdl2003. org/index. php

39 [2007 - 11 - 28]. http://www. ecdl2004. org/index. php

40 [2007 - 11 - 28]. http://www. ecdl2005. org/index. php

41 [2007 - 11 - 28]. http://www. ecdl2006. org/index. php

42 [2007 - 11 - 28]. http://www. ecdl2007. org/index. php

43 National Library of Australia (2002). Directions for 2003—2005. [2007 - 11 - 28]. http://www. nla. gov. au/library/directions. html

44 National Library of Australia (1996). Australian Digital Library Initiatives. [2007 - 11 - 28]. http://www. dlib. org/dlib/december96/12iannella. html

45 Warwick Cathro, Colin Webb and Julie Whiting (2001). Archiving the Web: the PANDORA Archive at the National Library of Australia. [2007 - 11 - 28]. http://www. nla. gov. au/nla/staffpaper/2001/cathro3. html

46 National Library of Australia IT Architecture Project Report(2007). [2007 - 11 - 28]. http://www. nla. gov. au/dsp/documents/itag. pdfhttp://www. nla. gov. au/dsp/documents/itag. pdf

47 朱庆华. 日本数字图书馆的研究与开发. 江苏图书馆学报,2000(2):59 - 64

48 赵洪波,蔡强. 日本数字图书馆的发展. 现代日本经济,2006(4):58 - 60

49 和中斡雄. 国立国会图书馆电子图书馆事业的新方向//中国国家图书馆. 第27次中日图书馆业务交流(内部资料). 北京:中国国家图书馆,2007. 11:10 - 15

50 佐藤毅彦,国立国会图书馆的数字存档系统与门户//中国国家图书馆. 第27次中日图书馆业务交流(内部资料). 北京:中国国家图书馆,2007. 11:27 - 31

51 王渊,牛淑会. 日本数字图书馆的项目与特点. 现代情报,2004,24(8):75 - 77

52 汪冰. 日本的数字图书馆建设与发展. 情报理论与实践,1998(5):312 - 316

53 [2007 - 09 - 28]. http://www. diglib. org/architectures/serviceframe/dlfserviceframe1. htm

54 [2007 - 11 - 28]. http://www. oclc. org/asiapacific/zhcn/news/releases/200644. htm

55 [2007 - 11 - 30]. http://www. oclc. org/programs/ourwork/agenda. htm

56 [2009 - 05 - 03]. http://www. ukoln. ac. uk/distributed-systems/jisc-ie/arch

57 [2009 - 05 - 03]. http://www. ukoln. ac. uk/distributed-systems/jisc-ie/arch/dlf

58 [2009 - 05 - 03]. http://www. elframework. org/general

59,69,110,122,125 National Library of Australia. Service Framework V 0. 91. (2008 - 11 - 24). [2009 - 05 - 12]. https://wiki. nla. gov. au/display/LABS/3.

+ Service + framework
61 [2009 - 05 - 03]. http://fedora-commons. org/confluence/display/FEDINFO/Fedora + Service + Framework
63 [2009 - 05 - 03]. http://fedora-commons. org/confluence/display/FCR30/Service + Framework
64 http://www. delos. info/index. php?option = com_content&task = view&id = 256&Itemid = 76
66 DelosDLMS: Infrastructure and Services for Future Digital Library Systems. http://helios. ced. tuc. gr: 8080/music/GetFile? FILE_TYPE = PUB. FILE&FILE_ID = 26
67 The OSIRIS Process Support Middleware and the ISIS Process-Based Digital Library Application. http://dbis. cs. unibas. ch/delos_website/jpa2/osiris. pdf
68 [2009 - 02 - 20]. http://www. dlib. org/dlib/january09/vanveen/01vanveen. html
70 [2007 - 03 - 31]. http://www. nla. gov. au/dsp/documents/itag. pdf
71 潘卫. 数字图书馆研究:现状、问题与方向. [2008 - 01 - 16]. http://cio. ccw. com. cn/htm2005/20050116_18MJK. asp
72 论我国数字图书馆发展现状及存在的问题. [2008 - 12 - 20]. http://www. studa. net/2005/12-20/20051220373. html
73 孙承鉴,申晓娟,刘刚. 我国数字图书馆发展十年回顾——综述. 数字图书馆论坛,2006(1):1 - 13
74 中共中央党校数字图书馆简介. [2007 - 04 - 04]. http://www. ccps. gov. cn/xxhjs. php?col = 45&file = 2285
75,80 张晓林. 数字图书馆机制的范式演变及其挑战. 中国图书馆学报,2001(6):3 - 8
76 曾克宇,王一丁. 我国的数字图书馆服务——相关文献综述. 情报资料工作,2005(4):57 - 60
77,79 张晓林. 走向知识服务:寻找新世纪图书情报工作的生长点. 中国图书馆学报,2000(5):32 - 37
78 张晓林. 图书馆技术机制的变化及其对图书馆的影响. 图书情报工作,2000(1)
81 张晓林. 开放数字信息服务体系:概念、结构与技术. 中国图书馆学报,2002(3)

82　张晓林. 数字信息环境下的图书情报服务:挑战、应变与再造. 四川图书馆学报,2002(4)
83　张晓林. 从数字图书馆到 E-Knowledge 机制. 中国图书馆学报,2005(4)
84　李宇,张晓林. 数字图书馆服务信任协商——框架及模型. 现代图书情报技术,2008(9)
85　张晓林,许旭. 让数字图书馆驱动图书馆服务创新发展——读《国际图联数字图书馆宣言》有感. 中国图书馆学报,2010(3)
86　张晓林. 国家科学数字图书馆:面向用户的数字信息服务体系. 现代图书情报技术,2002(5)
87　张晓林. 开放数字图书馆的设计与实现:CSDL 的实践. 情报学报,2003(5)
88　郭海明. 数字图书馆信息服务模式的演变. 四川图书馆学报,2004(6)
89　杨宗英,郑巧英. 未来数字图书馆的发展方向之一——服务主导型数字图书馆. 现代图书情报技术,2004(9)
90　王丙炎,杨思洛. 数字图书馆的服务模式探析. 情报杂志,2006(3)
91　中国教育和科研计算机网简介. http://www. edu. cn/cernet_jian_jie_1327/20060323/t20060323_91159. shtml
92 - 93　姚晓霞,肖珑,陈凌. 新世纪十年 CALIS 的建设发展. 高校图书馆工作,2010(6)
94　中国教育和科研计算机网. http://www. edu. cn/cernet_jian_jie_1327/20100426/t20100426_469160. shtml
95　孙晓菲. 高校专题数字图书馆建设简论——以哈佛大学和清华大学专题数字图书馆建设为例. 图书馆论坛,2007,27(2)
96　中央党校图书馆. 全国党校图书馆工作暨数字图书馆建设会议在海南省委党校召开. 情报资料工作,2001(2)
97　中央党校办公厅《关于印发〈全国党校图书馆数字资源建设规划(2006—2010)〉和〈全国党校图书馆数字资源共建共享工作条例(试行)〉的通知》.(2006 - 07 - 14). http://www. ccps. gov. cn/xxhjs/glwj/5956. htm
98　[2009 - 02 - 20]. http://library. sddx. gov. cn/001/001008/74120884530. htm
99 - 100　叶成林. 中央党校数字图书馆示范系统概述. 情报资料工作,2001(3)
101　刘兹恒. 试析全国文化信息资源共享工程的特点. 图书馆建设,2008(2):4 - 6,12
102,104 - 105　申晓娟,齐欣. 国家数字图书馆工程概述. 国家图书馆学刊,2008

(3)

103 [2009 - 02 - 20]. http://www. nlc. gov. cn/sztsg/2qgc/eqgc_zxmjs. htm

106 王志庚. 国家图书馆的数字资源建设. 国家图书馆学刊,2008(3)

107 富平. 国家数字图书馆建设思路和发展前景. 图书情报工作,2005(11)

108 张炜. 中国国家数字图书馆建设中的数字资源合理使用问题. 情报杂志,2008(7)

109,157 李春明,张炜,陈月婷. 国家数字图书馆服务及未来发展. 数字图书馆论坛,2008(8)

112 唐晓欧. 从以人为本谈图书馆的服务环境管理. 信息技术,2005(5)

113 李广健. 数字图书馆技术的发展趋势. 图书情报工作,2005(1)

114 数字资源长期保存的关键问题探讨. [2009 - 02 - 20]. http://www. lunwenwang. com/Freepaper/Educationpaper/mathematicspaper/200807/Freepaper_33414. html

115 数字资源长期保存:国家主导最重要. http://www. zju. edu. cn/zdxw/jd/read. php? recid = 25171

116 李继. 基于 SWOT 分析的公共图书馆数字战略研究. 现代情报,2008(11)

117 陈秀英. Google 数字图书馆计划对图书馆的影响与对策. 现代情报,2008(6)

118 姚湘中,谈海蓉. XML——数字图书馆存储内容的未来选择. 科技情报开发与经济,2008(33)

123 [2009 - 07 - 22]. http://www. ukoln. ac. uk/distributed-systems/jisc-ie/arch/dlf

124,142 DLF Service Framework for Digital Libravies. [2009 - 06 - 10]. http://www. old diblib. org/architeetures/serviceframe/dlfserviceframel. htm

126 Authenticate. [2009 - 06 - 10]. http://www. e-framework. org/Services/ServiceGenres/ServiceGenreRegistry/Authenticate/tabid/840/Default. aspx

127 Authorise. [2009 - 06 - 10]. http://www. e-framework. org/Services/ServiceGenres/ServiceGenreRegistry/Authorise/tabid/859/Default. aspx

128 杰里米·弗鲁姆金,吴杨. 数字图书馆服务注册系统. 科协论坛,2007(7):473 - 473

129 Service Registry. [2009 - 06 - 10]. http://www. e-framework. org:80/Contributions/ServiceGenres/ServiceRegistry/tabid/772/Default. aspx

130 冯艳花. 基于 OAI 的电子预印本资源共享. 情报理论与实践,2005(4)

131 王蜀安,汪萌,张铭. 支持 OAI-PMH 的元数据互操作体系结构设计与实现. 计算机工程与应用,2003(20)

132 郑巧英,杨宗英. 基于 OAI 协议的民族音乐数字图书馆互操作系统. 上海交通大学学报,2003,37(增刊):230 - 233,238

133 赵阳,姜爱蓉. 基于 OAI 的"CALIS 高校学位论文全文数据库"建设. 上海交通大学学报,2003,37(增刊):234 - 238

134 中国国家科学数字图书馆. [2009 - 06 - 12]. http://crossdomain. las. ac. cn/SRW/frame/scisubject. jsp

135 - 136 刘军. 基于 OAI-PMH 的山西省科技文献资源平台联合目录的实现. 科技情报开发与经济,2007,17(28):213 - 214

137 李勇文. OAI 集成信息检索系统研究与设计. 四川:四川大学硕士学位论文,2004

140 董慧,丁波涛. OAI-MHP 协议初探. 图书情报知识,2004(6):70 - 73

141 毛军. 科技部科技基础性工作专项资金重大项目研究成果:数字资源唯一标识符的现状与发展. 2004,5:21 - 22

143 [2009 - 06 - 10]. http://www. e-framework. org/Default. aspx?tabid = 848

144 [2009 - 06 - 10]. http://www. niso. org/workrooms/sushi

145 杜莹琦,郑琳. 解读 SUSHI——标准化的电子资源使用统计获取协议. 新世纪图书馆,2008(4):42 - 43

146 [2009 - 06 - 10]. http://www. soa. org

147 [2009 - 06 - 10]. http://netpreserve. org

148 [2009 - 06 - 10]. http://webcurator. sourceforge. net

149 [2009 - 06 - 10]. http://hul. harvard. edu/gdfr

150 Leonor Gaspar Pinto. Building a culture of assessment in Lisbon public libraries: a knowledge management approach. [2009 - 06 - 10]. http://ifla. queenslibrary. org/IV/ifla72/papers/146-Pinto-en. pdf

151 - 152 刘炜,楼向英,张春景. 数字图书馆评估研究. 图书情报工作,2007(5)

153,156 张雅君. 数字图书馆信息服务质量评价模式研究. 现代情报,2007(5)

154 常杰. LIBQUAL + TM 项目与图书馆信息服务质量评价. 河南图书馆学刊,2008,28(4)

155 郑丽娟. 数字图书馆服务质量评价指标的构建. 兰台世界,2009(1)

附录　传统阅读与数字阅读调查

1　调查背景与调查目的

随着互联网和数字化的发展，人们的阅读习惯不再拘泥于传统，通过网络或数字化媒介获取知识信息已成为国民普遍采用的形式。在这样的形势下，传统的图书馆阅读服务已不能满足读者的需求，提供全面深入的数字阅读服务是21世纪图书馆面临的重大课题。

有人预言，网络和数字阅读的出现将会彻底取代传统阅读习惯，也有人认为二者将会相辅相成地发展下去。本次调查围绕"传统阅读与数字阅读习惯"展开，旨在了解两种不同的阅读习惯在读者间产生的影响，为新形势下图书馆的阅读服务提供事实依据，使图书馆的服务能够进一步契合读者需求。

2　调查方法及样本量

调查方法：采取随机抽样调查方式，将问卷刊登于国家图书馆网站首页，由网站用户自由填写（调查时间段：2009年10—12月）。

样本量：360。

3　调研结果及分析

（1）样本特征：学历和职业

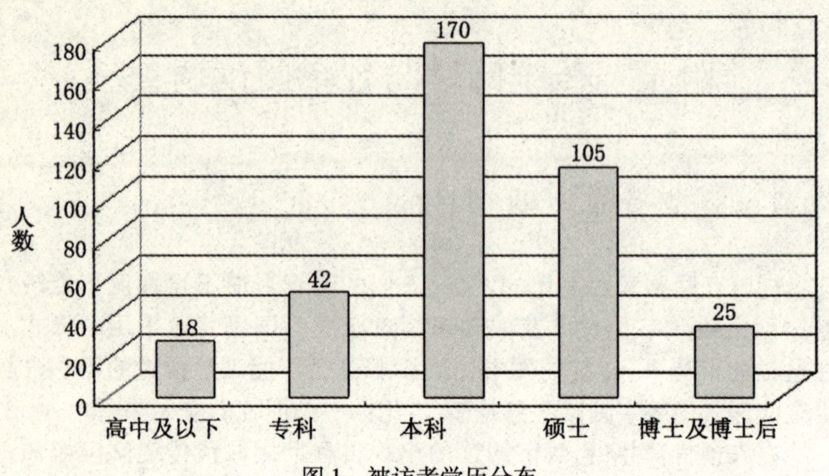

图1　被访者学历分布

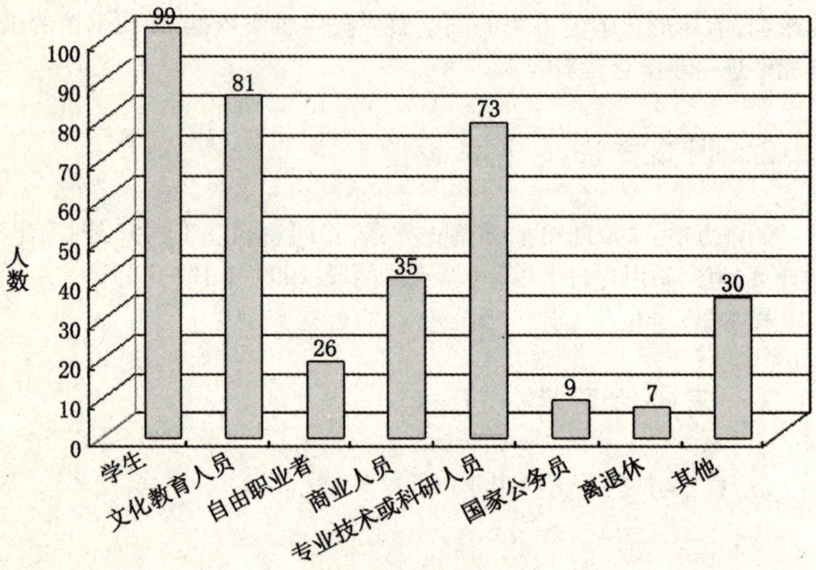

图2　被访者职业分布

如图 1 和图 2 所示，绝大多数被访者为本科及以上学历，职业以学生、文化教育人员、专业技术或科研人员为主。由此可见，国家图书馆的读者群主要集中于具有较高学历的高校学生、教育或科研人员，我们的阅读服务也应该以这类人群的信息需求为侧重点。

(2)传统阅读与数字阅读的时间、频率对比

问卷第 3、4 题调查内容分别为读者每天用于传统阅读（阅读书籍杂志）和数字阅读（上网阅读）的时间，结果如图 3 和图 4 所示。

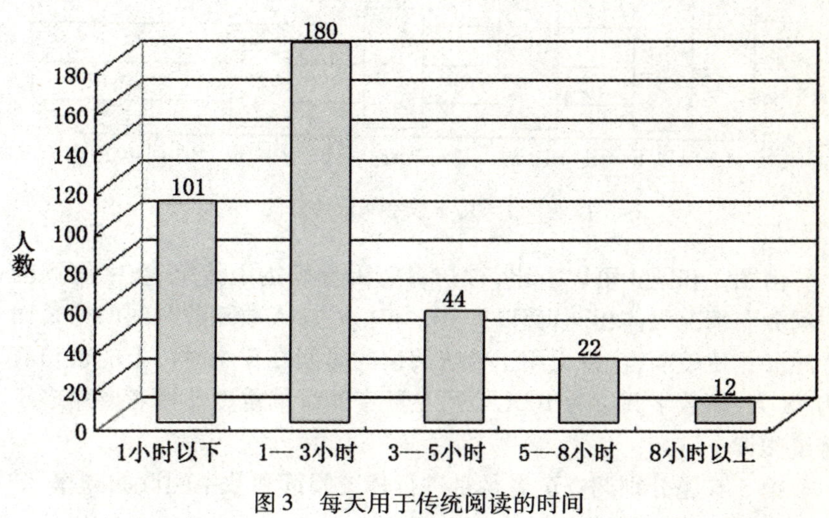

图 3　每天用于传统阅读的时间

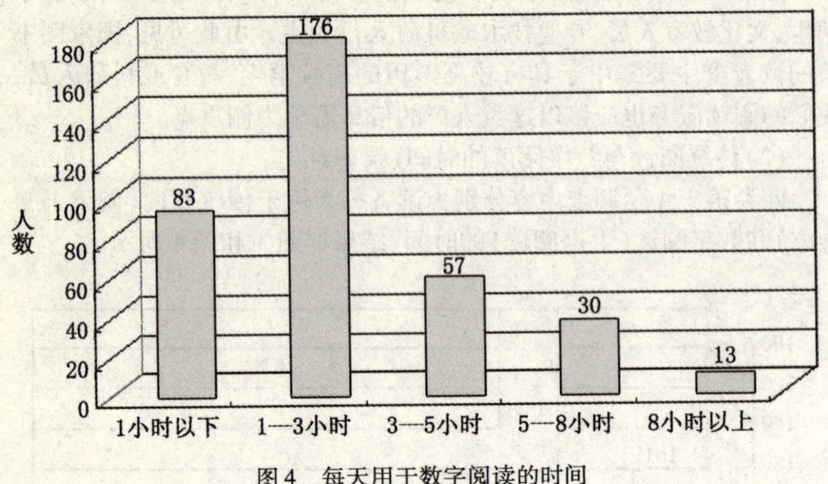

图4　每天用于数字阅读的时间

由图3和图4可以看出，被访者每天分别用于传统、数字阅读的时间分布情况大体相同，都以1—3小时为主，人数随着时间的增长而递减。相比较而言，每天用于传统阅读的时间在3小时以上的被访者为78人，而数字阅读为100人，可见数字阅读的重度使用者要略多于传统阅读。

第5、6题分别调查读者每月进行传统阅读和数字阅读的频率，结果如图5和图6所示。

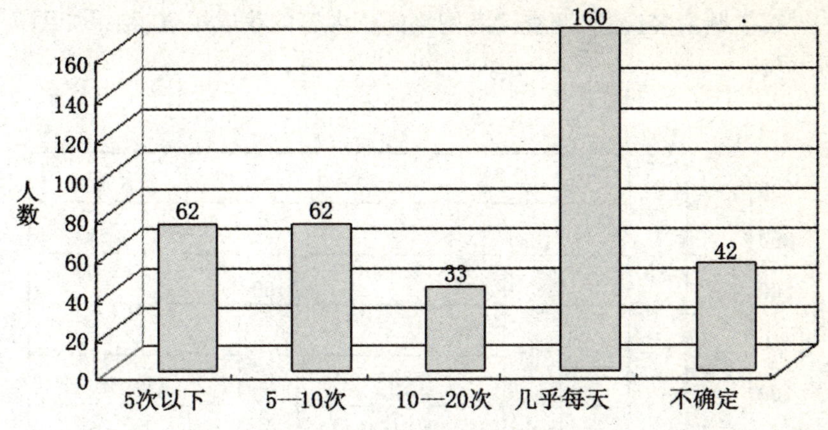

图5　每月进行传统阅读的频率

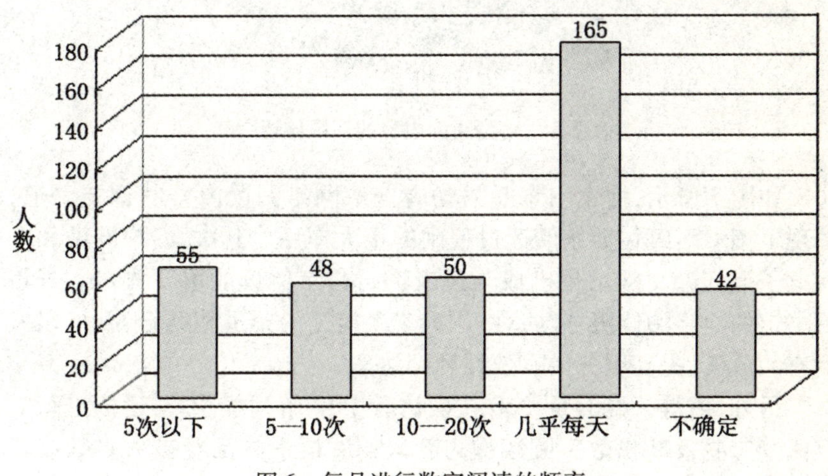

图6　每月进行数字阅读的频率

由图5和图6可以看出，被访者每月进行传统阅读和数字阅读的频率分布情况比较接近，总体来说阅读频率都比较高，约半数被访者几乎每天都会进行传统阅读或（和）数字阅读。

(3)网络阅读的渠道

第7题为多选题,调查读者网络阅读内容的获取渠道,结果如图7所示。

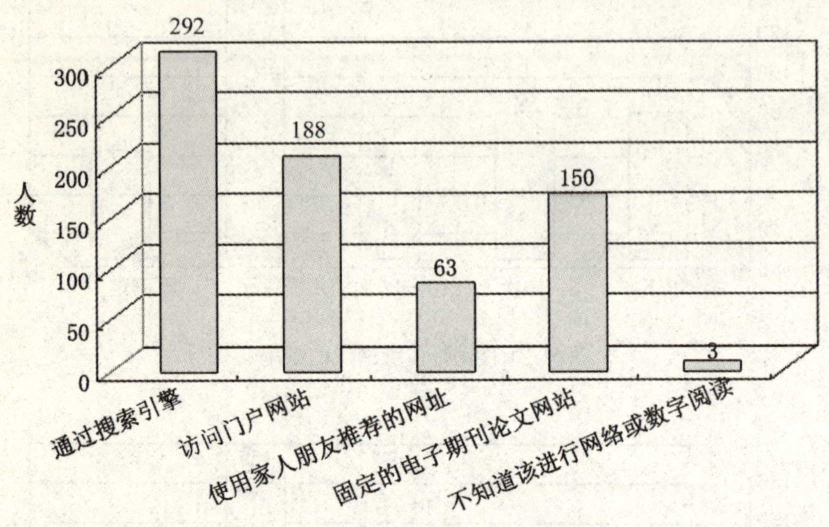

图7 网络阅读内容的获取渠道

如图7所示,搜索引擎是被访者获取网络阅读内容的首要渠道,体现了搜索引擎在数字阅读过程中的重大作用。其次,门户网站和一些电子期刊论文网站也已成为读者进行数字阅读的重要入口。若将图书馆的数字阅读服务与这些广为读者接受的渠道相结合,就可以做到有的放矢,提高服务的有效性和到达率。

另外,值得一提的是,360位被访者中只有3人"不知道该进行数字阅读",这反映出数字阅读作为新兴的阅读形式已经被大多数读者所接受。

(4)读者喜爱的数字阅读形式

第8题调查读者最喜爱的数字阅读形式,此题为多选,结果如图8所示。

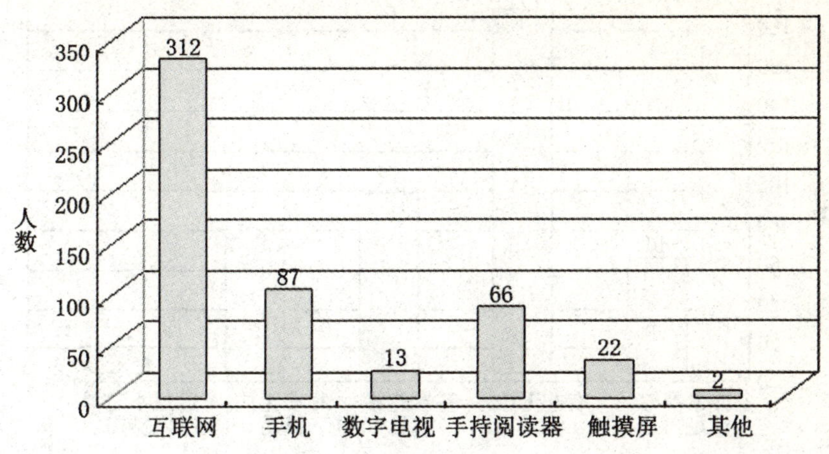

图 8　读者最喜爱的数字阅读形式

图 8 可以清晰地看到,互联网已经毫无争议地成为读者最喜闻乐见的数字阅读形式,而手机和手持阅读器作为数字阅读领域的新兴媒体,也正逐渐被接受和应用。

(5)传统阅读与数字阅读的满意度对比

问卷的第 9、10 两题分别调查了读者对于传统阅读和数字阅读两种形式的满意度,结果如图 9 和图 10 所示。

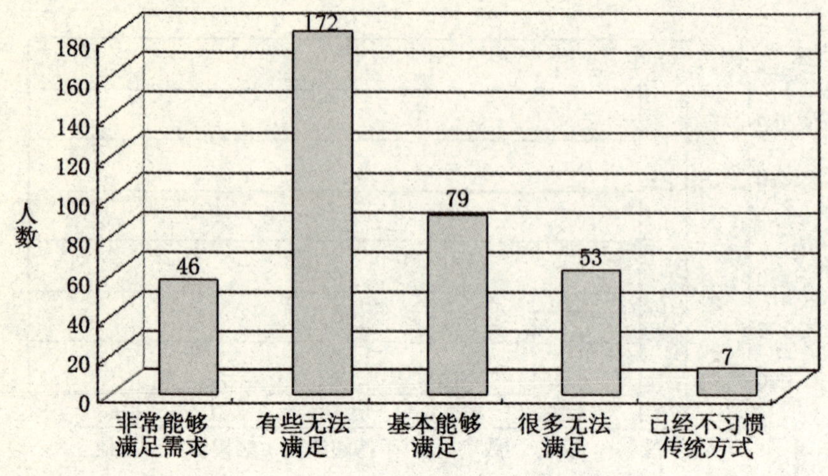

图 9　读者对传统阅读方式的满意度

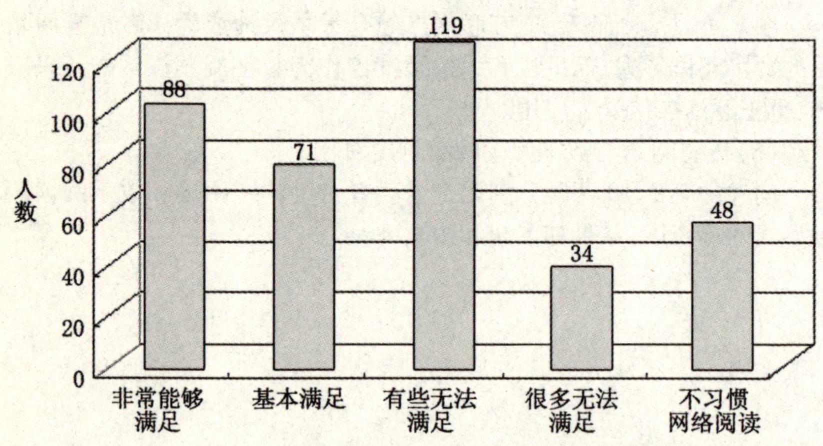

图 10　读者对数字阅读方式的满意度

图 9 和图 10 反映出：约半数被访者认为传统阅读使其“有些需求无法满足”，三分之一被访者认为数字阅读使其“有些需求无法满足”；认为传统阅读非常或基本能够满足需求的被访者有 125 位，数字阅读

是156位；认为传统阅读使其很多需求无法满足的被访者有53位，数字阅读是34位。

以上数据反映出读者对于数字阅读的整体满意度要略高于传统阅读，可以认为数字阅读已经取得部分读者的肯定；但不论是传统阅读还是数字阅读也都存在不足之处，因此深入了解读者需求、进一步改进和完善两种阅读服务以更契合读者需求，对图书馆来说具有现实必要性。

另外，仍有少数被访者尚不习惯数字阅读。

(6)读者获取信息知识的主要来源

问卷第11题反映了读者获取信息知识的主要来源，如图11所示，网络新闻、资讯已经取代了传统的报纸杂志或电视广播，成为人们获取信息的最主要来源。

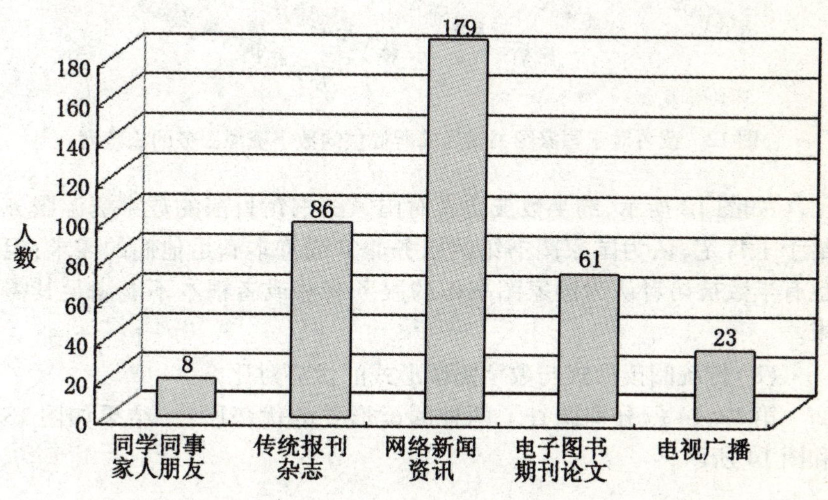

图11　读者获取信息知识的主要来源

（7）读者对于国家图书馆目前所提供的数字资源服务的满意度

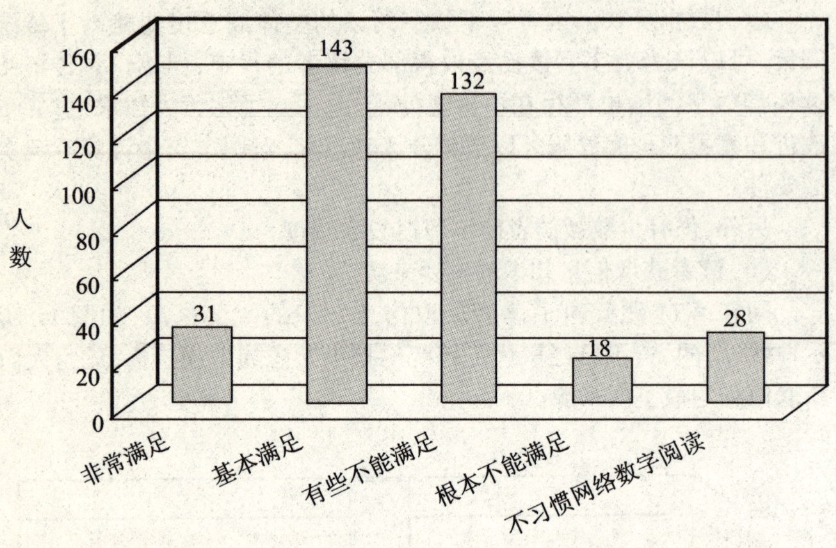

图 12　读者对于国家图书馆目前所提供的数字资源服务的满意度

如图 12 所示，约半数被访者对国家图书馆目前的数字资源服务给予了肯定，认为国家图书馆的服务非常或基本满足他们的需求；但也有半数被访者认为国家图书馆的服务有些或者根本不能满足其需求。

（8）传统阅读形式与数字阅读形式的优势对比

第 13、14 题分别调查了两种阅读形式的优势所在，结果如图 13 和图 14 所示。

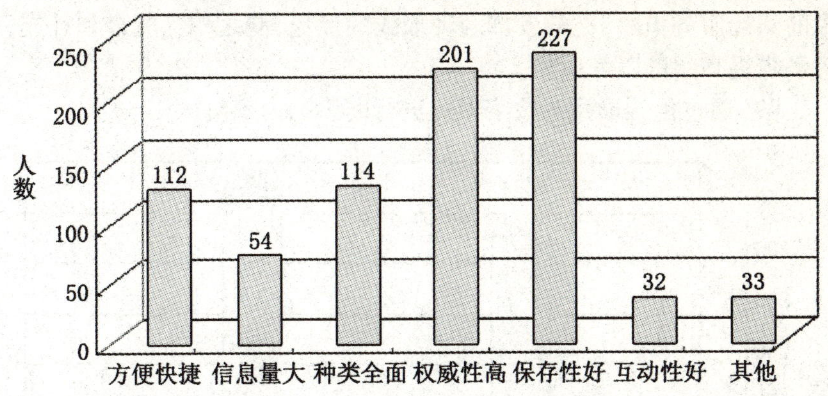

图 13　传统阅读形式的优势

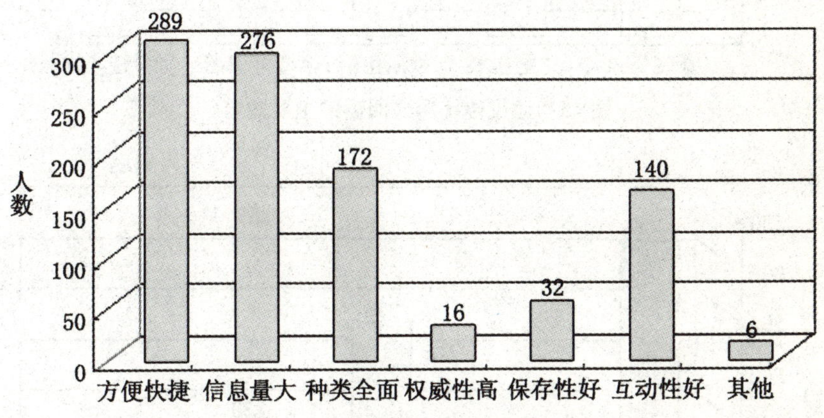

图 14　数字阅读形式的优势

由图 13 和图 14 可以看出，被访者认为数字阅读形式的优势主要集中在方便快捷、信息量大和种类全面三个方面；传统阅读形式的优势集中在权威性高、保存性好两个方面；另外有 14 位被访者认为传统阅读更有利于健康（保护视力）；也有被访者选择传统阅读的原因是其“更能带来阅读的享受”或更能使人“沉静地思考、认真地学习”。

对于两种阅读各自优势的深入了解有助于我们制定合乎读者需求的阅读服务策略，充分发挥两种形式的优势，使之相互配合和补充，进一步提高阅读服务质量。

(9)通过传统形式和数字形式进行阅读的内容对比

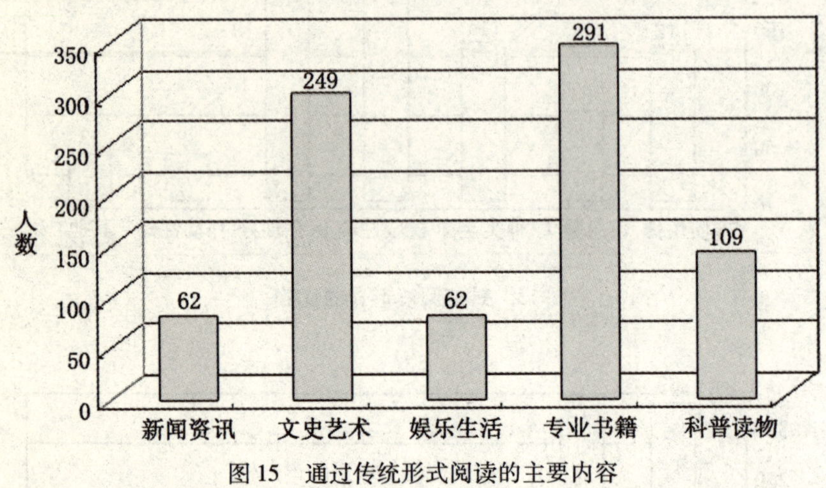

图 15 通过传统形式阅读的主要内容

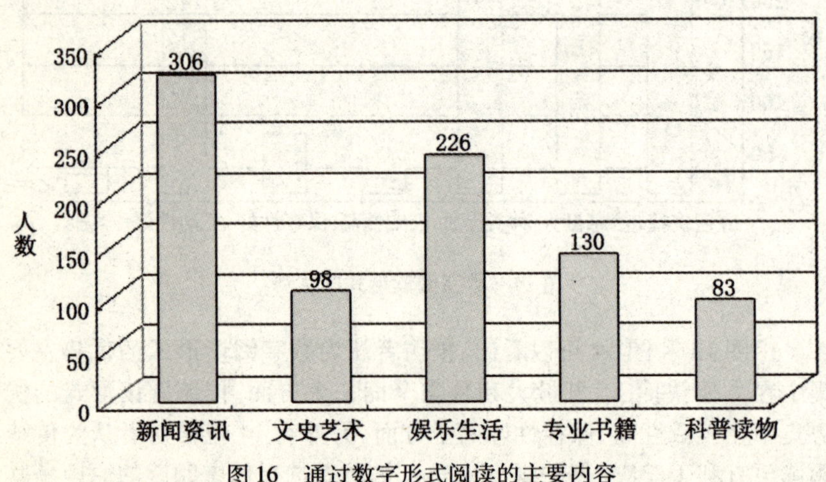

图 16 通过数字形式阅读的主要内容

第15、16题分别调查了读者通过两种形式所阅读的主要内容,结果显示读者通过传统方式主要阅读的是文史艺术、专业书籍等专业性、学习性较强的内容;而通过数字形式阅读的主要是新闻资讯、娱乐生活等时效性强、较轻松的内容。由此,我们可以根据读者的阅读喜好将相应内容与阅读形式结合起来,使阅读服务更契合读者的需求和习惯。

(10)影响读者选择不同阅读形式的因素

第17题调查了影响读者选择不同阅读形式的因素,由图17可知,“阅读环境与氛围”是影响读者选择的最重要因素;花费成本、时间因素以及阅读内容的吸引也是重要因素。

由此可见,读者所需要的已不仅仅是知识信息本身,对阅读的环境也提出了越来越高的要求。这就要求图书馆不仅要为读者提供精益求精的精神食粮,更要营造舒适的阅读环境和氛围。

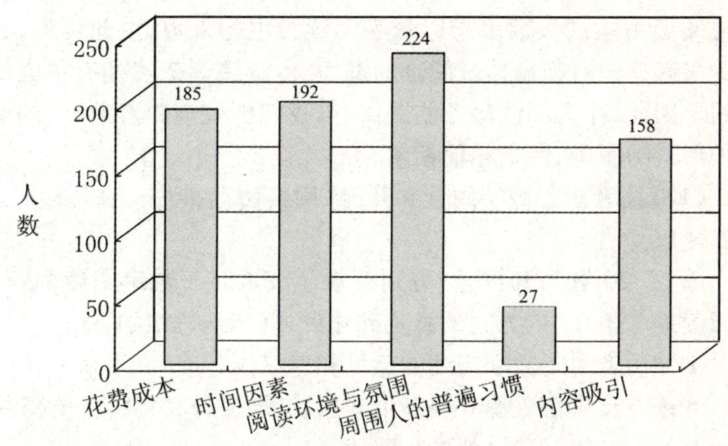

图17　读者选择不同阅读形式的影响因素

(11)读者对于传统阅读、数字阅读的使用偏好

数字阅读的兴起是否会给传统阅读带来重大冲击甚至取代传统阅读?此次调查回答了这个问题。

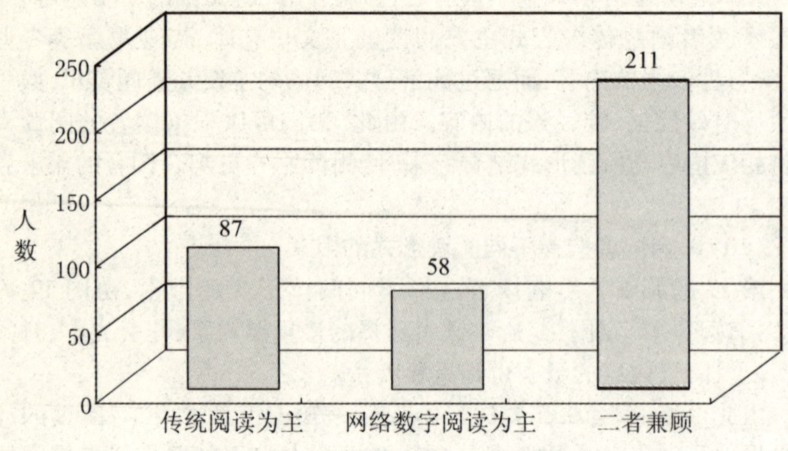

图 18　读者对于两种阅读形式的使用偏好

如图 18 所示，绝大多数读者会兼顾两种阅读形式；除此之外，以传统阅读为主的人数多于以数字阅读为主的人数，由此可见，数字阅读的兴起并没有削弱传统阅读的魅力，传统阅读依然拥有很大的发展空间。因此，作为阅读服务的提供者，我们更应该二者兼顾，同时做好两种形式的服务，使之相辅相成。

(12)读者对于数字阅读和开展“网络阅读推广工作”的方式的意见和建议

第 19、20 题为开放题，分别征求了读者对于数字阅读和开展“网络阅读推广工作”的方式的意见和建议，现归纳总结如下。

①被访者对于数字阅读的意见和建议：

- 进一步丰富资源并提高更新速度，增加外文资料或传统古籍；
- 可以在馆域网之外进行阅读；
- 开发出互动性更强的阅读器，便于人们作批注笔记等；
- 统一阅读器，避免由于文件格式不同而重复安装多个阅读器；
- 彻底解决版权问题，提供电子资源的全文浏览和下载；
- 提高服务的公益性，增加免费资源的数量；

• 及时追踪、采用最新技术；

• 提高数字阅读的舒适度，如页面背景色、字体大小等可由读者自由调整；

• 完善检索功能，使其定位更准，过滤掉一些不必要的庞杂信息；

• 数字阅读应该与传统阅读相补充，形式上以短篇为主，内容上以稀缺资源（如不易获得的传统古籍）为主；

• 数字阅读内容参差不齐，希望提高专业性和权威性；

• 页面设计应富于变化，避免枯燥感；

• 分类应该更详细；

• 增设推荐书栏目；

• 加大推广力度，为读者进行数字阅读培训。

②关于开展"网络阅读推广工作"的方式的建议：

• 采用社区推广、校园推广与媒体推广相结合的方法；

• 可以考虑采用书友会制度，通过电子邮件发布一些图书资讯，进行推广；

• 专业刊物、网站宣传；

• 适当投放广告；

• 进行指导性阅读，与读者良性互动；

• 调查问卷、读者建议、网络投票、开辟专栏意见、门户网站；

• 在各图书馆进行宣传，发放宣传册、海报等；

• 提高馆员素质，由馆员向到馆读者进行推广，任何媒体宣传都不如馆员的口口相传；

• 挑选合适的地区进行路演，线上宣传与线下推广相结合；

• 定期在大中院校、企事业单位以讲座的形式进行网络阅读培训；

• 开设专门的论坛；

• 举办征文活动，吸引大量读者参加，通过征文使读者了解网络阅读；

• 可以从问卷读者中挑选一些 VIP 读者进行第一批试用，然后从这些读者的试用笔记或试用评论中挑选推广大使现身说法，定期参加图书馆在平时针对来馆读者的宣传。随后，再通过渠道推广进行更广泛的宣传和影响，最终让大多数市民或国民可以感受网络阅读。每个推广时间段的把握需要根据推广宣传计划详细地制订，并且计划的推进一定要有力、贯彻到底并始终保有自身的专业性、亲善性等重要特点，方才能真正有效地推广这项工作；

- 提供更多免费资源，更完善的服务，网络阅读是大势所趋，即使不刻意宣传也会发展。

本次调研将传统阅读与数字阅读进行了多角度的对比，揭示了围绕这两种阅读形式的一系列问题，包括读者进行两种阅读的时间和频率，两种阅读形式的满意度对比、优势对比、阅读内容对比、使用偏好对比等，并且特别调研了读者进行网络数字阅读的主要渠道和形式。

调查显示，在较高学历背景的读者群中，数字阅读习惯已超过传统阅读习惯的比重。通过引擎搜索和其他网络传播渠道获取信息已成为人们的日常行为习惯，数字信息已成为读者获取知识的主要来源，数字阅读的发展空间之大和发展速度之快可见一斑。然而问卷结果也显示出数字阅读当前存在的问题与不足：形式上，参与调查的用户对数字阅读的选择明显单一化，绝大多数读者选择固有的互联网作为个人喜欢的形式；内容上，读者还是对传统阅读媒介的权威性和保存性持较高信任度，这使数字阅读的内容选择具有较大局限性；服务上，虽然目前数字阅读服务已初步获得读者的认可，整体满意度高于传统阅读服务，但“基本满足”和“非常能够满足”两项的选择值均较低，这就意味着数字阅读服务仍令大多数读者感到有缺憾。

通过本次调研，我们深入了解了两种阅读形式对于读者产生的影响以及读者对于两种阅读形式所提出的要求，这将为今后阅读服务政策的制定、服务内容的调整提供客观翔实的依据。我们将切实根据用户使用数字阅读的习惯改进服务方式，以用户为中心的服务理念向读者提供数字信息内容；在数字信息采集与过滤时注重信息内容的权威性与真实性，尽早解决数字资源的长期保存问题以确保数字信息资源保存与保护的需要；进一步完善信息检索功能，开放数字资源的存取限制，优化可视性阅读界面，实现数字阅读服务平台的统一完整性，满足用户需求；另外，随着向用户读者推出新技术服务的增加，我们还应注意对用户使用知识的教育培养，这是普及数字阅读形式的重要步骤。

数字阅读习惯比例的扩大，在一定程度上削弱了传统阅读形式的影响，但我们从调查中发现，传统阅读习惯在读者阅读选择时依然具有不可替代的优势和吸引力。我们在完善数字阅读服务的同时，不可忽视对传统阅读读者的服务工作。为提高阅读服务的质量，满足不同用户读者的知识需求，做到传统阅读与数字阅读服务二者兼顾、共同发展是图书馆工作进一步取得成果的重要举措。